LANDA COPE

TEMPLATE SOCIAL DO Antigo Testamento

REDESCOBRINDO PRINCÍPIOS DE DEUS PARA DISCIPULAR NAÇÕES

Editora Quatro Ventos
Rua Liberato Carvalho Leite, 86
(11) 3230-2378
(11) 3746-9700

Diretor executivo: Renan Menezes
Editora-chefe: Sarah Lucchini
Equipe Editorial:
Ana Paula Gomes Cardim
Lucas Benedito
Paula de Luna
Rafaela Beatriz A. dos Santos
Isabela Bortoliero
Revisão: Eliane Viza B. Barreto
Diagramação: Vivian de Luna
Capa: Vinícius Lira
Tradução: Andréa Aparício Ribeiro
Revisão de tradução: Bráulia Ribeiro
e Landa Cope

Todos os direitos deste livro são reservados pela Editora Quatro Ventos.

Proibida a reprodução por quaisquer meios, salvo em breves citações, com indicação da fonte.

Todas as citações bíblicas e de terceiros foram adaptadas segundo o Acordo Ortográfico da Língua Portuguesa, assinado em 1990, em vigor desde janeiro de 2009.

Todo o conteúdo aqui publicado é de inteira responsabilidade do autor.

Todas as citações bíblicas foram extraídas da Nova Versão Internacional, salvo indicação em contrário.

Citações extraídas do *site https://www.bibliaonline.com.br/nvi*. Acesso em março de 2021.

Copyright © 2006 por Landa Lea Cope
Originalmente publicado por The Template Institute Press, Burtigny, Suíça.
Título Original: *The Old Testament Template – Rediscovering God's Principles for Discipling Nations.*
Direitos cedidos pela Editora Jocum Brasil à Editora Quatro Ventos.

5ª Edição: Agosto 2021

Ficha catalográfica elaborada por Maria Alice Ferreira – CRB-8/7964

Cope, Landa

Template social do Antigo Testamento: redescobrindo princípios de Deus para discipular nações / Landa Cope ; tradução Andréa Aparício Ribeiro. – 5. ed. – São Paulo : Editora Quatro Ventos, 2021. Título original: The old testament template
256 pg.

ISBN: 978-65-86261-99-8

1. Discipulado 2. Discipulado (Cristianismo) - Ensino Bíblico 3. Vida cristã I. Título.

21-59062
CDD-248.4

Sumário

PARTE I
A Jornada

1. Onde foi que erramos? 23
2. Perdemos a nossa cosmovisão cristã! 31
3. Perdemos nossa missão! 39
4. A revelação nos campos de milho 49
5. Aprendendo a colorir... De novo! 59

PARTE II
Como começamos?

6. Governo 71
7. Economia 89
8. Ciência 107
9. Igreja 123
10. Família 133
11. Educação 155
12. Comunicação 171
13. Artes e Entretenimento 183

PARTE III
Se nós vamos discipular todas as nações...

14. Precisamos de um Jesus supremo! 195
15. Precisamos da perspectiva de Deus sobre as nações 203
16. Precisamos de uma perspectiva bíblica sobre as profissões 215
17. Precisamos de estratégias bíblicas: tentações no deserto 225
18. Precisamos de estratégias bíblicas: o modelo de servo 235
19. Precisamos de uma perspectiva de Deus sobre mudanças 245

Dedicatória

À minha mãe, que, mesmo com todos os seus altos e baixos, nunca abandonou seu amor e compromisso com a verdade e com o poder da Palavra de Deus. As orações desesperadas de uma mãe amorosa jamais serão desperdiçadas.

Margaret Adeline Kelley Cope
1912 – 2002

Heiligtums

Agradecimentos

Tenho tantas pessoas para agradecer que, com certeza, sem querer, esquecerei algumas. Por favor, desde já me perdoem.

Qualquer trabalho que produzimos é, realmente, o somatório de tudo o que outros nos transmitiram e da graça de Deus que nos ajuda a usar tudo isso.

Sou grata a Loren Cunningham e Tom Marshall, por despertarem em meu coração uma paixão ardente pelas verdades do Reino de Deus.

Joy Dawson, Campbell McAlpine e Gordon Olsen foram modelos de um amor dedicado e disciplinado pela Palavra como fundamento para tudo o que fazemos. Michael Cassidy foi, e continua sendo, meu herói. Ele permitiu que seu coração fosse quebrantado pelas verdades de Deus.

Gunnar Olson ouviu uma gravação da minha primeira mensagem e abriu portas para que eu pudesse pregar em toda parte do mundo. E existem centenas de pastores e estudiosos da Bíblia ao redor do mundo que me asseguraram de que eu não estava ficando louca e de que esta mensagem deveria ser ensinada.

Da minha equipe de trabalho, preciso mencionar o grupo de edição Omaha, que me ajudou a concluir o primeiro esboço, e às minhas assistentes Erin Pennington, Jenni Lotz e Olivia Jackson, que fizeram muitas pesquisas. John Darnall, Cris Ruzin e Cameron Thorp, que trabalharam na arte, no *website* e na logomarca. Erin Pennington e Tove Poulsen, que deram toda a energia para chegarmos ao trabalho final e, claro, Lucile Allen, que, com seu trabalho de edição final, deixou tudo muito mais fácil de ler.

Muito obrigada, ainda, aos estudantes da nossa escola de Princípios Avançados de Comunicação (APC), que, nesses dez anos, ajudaram a processar os conceitos apresentados e a multiplicar a mensagem. Eu não poderia ter continuado sem o encorajamento que todos vocês me deram de que este material pode realmente transformar vidas. O mesmo vale para todos os que participaram de meus seminários ao redor do mundo e me deram seus retornos.

Larry Wright e sua equipe da Procla Media entenderam a visão logo no início e produziram uma excelente série de vídeos que têm abençoado milhares de pessoas com esses ensinamentos, antes de ter se tornado um livro.

Aos meus queridos amigos Matt, Tove, Fiona, Colleen e à minha assistente Erin Pennington, muito obrigada por acreditarem neste material tanto quanto eu e por nunca me deixarem esquecer que Deus está perto.

À minha equipe em Burtigny, que sempre me motivou e me deu graça para realizar este trabalho enquanto carregavam muita responsabilidade durante minhas ausências.

Finalmente, e sempre, agradeço a Deus, que me permite continuar a ficar extasiada por conhecê-lO e por falar sobre Ele por toda a Terra.

Prefácio

Em agosto de 1975, eu e minha família estávamos passando um fim de semana prolongado em um pequeno chalé nas montanhas do oeste do Colorado, EUA. No segundo dia, enquanto orava, recebi do Senhor "sete áreas da sociedade" a serem usadas estrategicamente para discipular as nações (cf. Mateus 28.18-20). Eu as escrevi em um bloco de anotações: Família (ou Lar); Igreja (ou Religião); Educação, Mídia (meios de comunicação — eletrônicos e impressos); Celebração (Artes, Entretenimento e Esportes); Economia (pesquisa e desenvolvimento, produção, bens e serviços, comércio) e Governo (todos os setores).

No dia seguinte, minha esposa, Darlene, e eu fomos convidados para nos encontrar com Bill e Vonnette Bright — os fundadores da Cruzada Estudantil e Profissional para Cristo — que também estavam ali, no Colorado. Durante nossa visita, eu estava tentando apanhar dentro do bolso do meu casaco a minha lista com as sete áreas da sociedade, quando Bill nos disse que Deus tinha lhe revelado uma estratégia para discipular nações! Olhei a lista dele e percebi que nela estavam inclusas as mesmas áreas que eu tinha anotado.

Isso não é uma coisa nova, mas é uma revelação renovada. No século XIX, o holandês Abraham Kyper tinha uma lista de quatro "jurisdições" dadas por Deus através de Sua Palavra. William Carey, o sapateiro inglês que acabou se tornando um missionário pioneiro na Índia, criou programas em cada uma dessas sete esferas da sociedade. Para citar alguns, tem-se: ele publicou o primeiro periódico de toda a Ásia; fundou um banco que fazia empréstimos aos pobres; construiu diversas escolas e igrejas; e ajudou a alterar leis para acabar com o assassinato de viúvas, que eram queimadas junto aos corpos de seus maridos.[1]

As verdades de Deus permanecem em todos os séculos. A transformação das nações por meio de seguidores de Jesus pode e vai ajudar no século atual se aplicarmos Suas verdades em nossas vidas e através delas.

Líderes de Estado, presidentes de grandes corporações empresariais, líderes de igrejas e líderes de praticamente todas as áreas da sociedade têm sido impactados e encorajados pela apresentação de Landa Cope sobre o modelo de Deus para transformar as nações. Mesmo apresentando essas áreas de maneira um pouco diferente da forma que eu faço, os princípios e as estratégias são as mesmas.

Estou muito feliz por Landa, uma amiga de mais de três décadas, ter colocado essas poderosas verdades em um livro. Leia, seja desafiado e transformado.

LOREN CUNNINGHAM
Kailua-Kona, Havaí
Novembro de 2005

Landa Cope é tanto uma profetisa quanto uma "Ester" para um momento como este em que vivemos. De todos os preletores e líderes que tenho conhecido no mundo inteiro pelas últimas duas décadas, ninguém se iguala a Landa em sua paixão por ver as nações descobrindo as verdades de Deus para elas.

Algumas pessoas pensam no indivíduo, outras, na igreja local, mas Cope pensa em nações. Na verdade, ela pensa no mundo. Porém, enxerga-o através das lentes dos propósitos de Deus para todas as nações da Terra. Existem pouquíssimos líderes cristãos que pensam profundamente sobre

---

[1] MANGALWADI, Vishal. **The legacy of William Carey**: a model for the transformation of a culture. Wheaton: Crossway Books, 1999.

as nações, e é por isso que Landa tem uma importância única. Nesse sentido, este livro tem um significado especial, principalmente para os líderes cristãos, quer sejam eles de uma igreja local, organização missionária ou de uma junta denominacional.

Neste trabalho, Cope está desafiando todos nós a pensarmos de uma maneira nova sobre quem realmente é o nosso Deus. Será que Ele só está preocupado com as coisas do Céu e sobre levar Seus pecadores daqui da Terra até lá?

Claro que isso é importante para Deus e ninguém sabe mais disso que a Landa. No entanto, ela também compreendeu profundamente as palavras do Antigo Testamento que dizem: "[...] pois eu sou o Senhor, e ajo com lealdade, com justiça e com retidão sobre a terra, pois é dessas coisas que me agrado [...]" (Jeremias 9.24). Essa passagem nos dá a poderosa afirmação de que o Senhor não somente é um Deus de amor constante, justiça e retidão, sendo isso fundamental em Seu caráter, como também pratica tudo isso realmente, colocando todas as coisas em ação.

Esse é o tipo de Deus que Ele é. Esse é o Seu caráter. Ele é um Deus ativo, trabalhador e funcional. Mas, agora, apertem os cintos para a próxima parte — e isso é o que a Landa compreendeu melhor que qualquer outra pessoa que eu conheça — a de que esse Deus põe em prática Suas características não apenas no Céu, mas também na Terra. Esse fato está relacionado às instruções dadas por Jesus para orarmos a fim de que venha o Seu Reino e seja feita a Sua vontade, assim na Terra como no Céu (cf. Mateus 6.10). Também se refere ao que tanto o salmista e Paulo disseram: "do Senhor é a Terra" (cf. Salmos 24.1; 1 Coríntios 10.26).

Portanto, este material profético e poderoso é um apelo ao povo de Deus para se juntarem no estudo e na busca pelos valores d'Ele para a construção das nações. Minha oração é a de que este livro seja lido e usado por todo o mundo, e que possamos compreender a visão panorâmica de Landa, ser desafiados pelos termos que ela apresenta e motivados a redescobrirmos as estratégias bíblicas necessárias para trazer as mudanças que Deus quer ver acontecer na Terra.

Absorver este material significa colocar uma bomba sobre nossos assentos, que vai nos lançar no mundo com uma nova energia, novas ideias, sabedoria e ministérios relevantes.

Se você está pronto, tem estômago e coração para um desafio assim, comece a sua leitura. Mas, se você é muito devotado à sua poltrona, então deixe este livro de lado, relaxe em sua zona de conforto e perca uma das maiores aventuras que a vida e a eternidade podem oferecer. Até porque, conseguir discipular as nações de fato, isso sim é que é aventura!

MICHAEL CASSIDY
África do Sul

Introdução

Estou em uma pequena hospedaria em Potchefstroom, na África do Sul. Na noite passada e nas duas noites anteriores, falei com mais de 1.000 estudantes universitários sobre o chamado de Deus em suas vidas para abençoar e desenvolver sua nação. Enquanto eu adorava com eles — e foi um momento poderoso de adoração —, lembrei-me do verão de 1972, durante as Olimpíadas de Munique, quando aproximadamente 1.000 estudantes se reuniram sob uma tenda perto da cidade. Nós nos encontrávamos lá para o primeiro programa de evangelismo em Olimpíadas que fizemos, e estávamos ali para mudar o mundo! Joy Dawson falou: "Deus é sempre maior".

Desde aquela programação, e a partir da nossa primeira base de Jovens com uma Missão (Jocum) em Lausanne, na Suíça, nos 33 anos seguintes, nossa missão explodiu para mais de mil bases em 170 países e centenas de programas de evangelismo pelo mundo todo, com milhões de jovens envolvidos. Jocum, Operação Mobilização (OM), Cruzada Estudantil e Profissional para Cristo e outras missões lançaram o que os missiologistas se referem como sendo a terceira onda de missões. Que Deus fiel e poderoso!

Agora chegou a hora da quarta onda! Chegou a hora da maior Igreja da História se tornar a mais relevante da História. Na noite passada, ao falar para aqueles estudantes, eu pude ver o rosto do futuro. Ore comigo por essa nova geração de jovens que podem transformar o mundo. Ore comigo por uma revolução global na Política e na Justiça Social, por um avivamento na Igreja e uma explosão de integridade nos indivíduos e nas famílias. Ore comigo para que a glória de Deus seja revelada — e para que todos os cristãos do mundo sigam o que São Francisco de Assis ensinou: sermos um testemunho de Deus todos os dias e, quando necessário, usarmos palavras.

Deus nunca muda. Ore para que nós, o Seu povo, mudemos.

LANDA LEA COPE
Potchefstroom, África do Sul
17 de agosto de 2005

Este livro é dedicado ao estudo daquilo que a Bíblia tem a dizer sobre todas as áreas da vida, incluindo o Governo, a Família, as Artes, a Educação, a Ciência, a Comunicação, a Economia e também sobre qual é o papel da Igreja. Queremos redescobrir uma fé que influencia nossas ideias e ações em cada uma dessas áreas.

Através da História, vemos que os cristãos influenciavam, pela sua forma de pensar e agir, as comunidades e nações nas quais viviam. Muito dessa influência foi positiva, afetando setores, como o desenvolvimento da Educação Pública, o conceito da liberdade de imprensa e o auxílio às vítimas e aos desassistidos. Acreditamos que falta esse tipo de influência na vida cristã de hoje e gostaríamos de descobrir o porquê.

Martinho Lutero falava que um Evangelho que não trata dos assuntos atuais não é o verdadeiro Evangelho. Queremos descobrir os pensamentos bíblicos que vão discutir os assuntos deste século de forma eficiente e redentora. Existe uma razão pela qual a fé cristã se tornou fraca e ineficaz em lidar com assuntos, tais como política, economia, família, estética e outras questões do dia a dia. Queremos descobrir o que aconteceu de errado, mas, o mais importante é que queremos redescobrir os fundamentos bíblicos que levaram gerações de cristãos a influenciarem seu tempo.

Estamos numa busca, e convidamos você a se juntar a nós. Eu tenho apresentado esse desafio a presidentes, parlamentares, líderes tanto políticos como de negócios e da Igreja em todos os continentes, e parece que estamos tocando num ponto fraco. Começamos este trabalho para facilitar a divulgação desta mensagem e também para incluir as ideias e a fé dos membros do Corpo de Cristo em diferentes nações e culturas.

Nosso objetivo é ajudar a trazer os pensamentos e ações cristãs vitais, relevantes e eficazes de volta ao século XXI. Estamos numa jornada, com mais perguntas que respostas.

Queremos redescobrir os fundamentos bíblicos que levaram gerações de cristãos a influenciarem seu tempo.

CAPÍTULO 1
Onde foi que erramos?

Vocês têm olhos, mas não veem? Têm ouvidos, mas não ouvem? [...] (Marcos 8.18)

Mais uma vez, Jesus colocou as mãos sobre os olhos do homem. Então seus olhos foram abertos, e sua vista lhe foi restaurada, e ele via tudo claramente. (Marcos 8.25)

Eu estava distraidamente mudando de canais, *zapeando* por dezenas de programas de TV, só para passar o tempo, quando vi um jornalista britânico dizer que os cristãos acreditam que são capazes de influenciar para melhor a comunidade onde vivem. Ou seja, quanto maior a presença de cristãos, maior o benefício para a sociedade como um todo. Concordei imediatamente com o comentário, afinal isso é exatamente o que eu prego.

Porém, ele continuou, e propôs que déssemos uma olhada na cidade mais evangélica dos Estados Unidos da América para que pudéssemos observar como essa influência cristã estava funcionando na prática. Ele definiu como "evangélica" a comunidade que possui a maior porcentagem de cristãos que frequentam a igreja protestante regularmente (uma boa definição conservadora para "evangélica").

Segundo essa definição, Dallas, no estado do Texas, era a cidade mais evangélica do País naquele momento. Mais pessoas *per capita* estavam na igreja a cada domingo naquela cidade que em qualquer outra norte-americana.

Dallas possui milhares de igrejas e a grande maioria está sempre lotada. Nosso jornalista propôs, então, que analisássemos os índices sociais da cidade para descobrirmos como a "bênção cristã" estava funcionando, na prática, naquela comunidade.

Foram apresentados estudos e estatísticas variadas que incluíam crime, segurança nas ruas, reforço policial, justiça e sistema penal. Áreas, como sistema de Saúde, hospitais, emergência, doenças contagiosas, índice de mortalidade infantil e assistência social também foram incluídas. Avaliaram o setor da Educação, os níveis das escolas, da segurança, as estatísticas das notas escolares e a graduação. Empregos, moradia e distribuição de renda, em geral, também foram avaliados. É possível arrumar emprego? Conseguir moradia? A perspectiva de salário corresponde ao custo de moradia? Avaliaram ainda a situação dos desabrigados e dos programas de ajuda aos carentes. Existe igualdade independentemente de cor, crença e nível econômico? E assim por diante.

Cada uma dessas categorias foi analisada com base em fatores econômicos e raciais. O apresentador avaliou estatísticas e informações que você se preocuparia em olhar se estivesse escolhendo um lugar para criar seus filhos. Eles estarão seguros nas ruas? Terão uma educação respeitável e segura? Vou conseguir prover casa, roupa e comida para minha família? Meus filhos estarão diretamente expostos a drogas ou a outras influências destrutivas? Estarão relativamente protegidos de doenças? Se ficarem doentes, existe atendimento médico adequado? Posso conseguir um auxílio justo do sistema judiciário? A Polícia está igualmente interessada em nossa proteção? E isso tudo funcionaria bem para mim, independentemente da minha cor, nacionalidade ou da minha crença?

O programa teria por volta de uma hora de duração, e eu estava assistindo sozinha. Quando o apresentador britânico encerrou a apresentação de seu estudo sobre Dallas, eu estava arrasada. Ninguém desejaria viver em uma cidade com aquelas condições. O crime, o sistema social falido, as doenças, as discrepâncias na Economia, a injustiça racial, tudo desqualificava aquela comunidade no quesito qualidade de vida adequada. E essa era a cidade mais evangélica dos Estados Unidos. Eu queria chorar.

Antes, porém, de o programa acabar, o apresentador, então, levou aquela imagem devastadora de uma comunidade doente para os líderes cristãos locais e pediu que fizessem seus comentários. Ele escolheu pastores de prestígio e de integridade, o tipo de líder cristão que outros cristãos respeitam. Cada pastor, um de cada vez, tomou conhecimento dos mesmos fatos que eu tinha acabado de descobrir com relação às condições da cidade deles. Com simplicidade, o narrador perguntou:

— Como líder cristão, qual a sua explicação para as condições que sua comunidade apresenta?

De maneira diferente, mas sem exceção, todos disseram a mesma coisa:

— Isso não é meu problema, eu sou um líder espiritual.

O programa acabou, o quarto ficou em silêncio e meu mundo começou a desmoronar. Passei muitos dos meus anos de trabalho como missionária respondendo críticas ao cristianismo, especificamente aquelas vindas da Mídia (o que geralmente não é muito difícil, já que suas acusações são frequentemente mal-informadas ou mal formuladas). No entanto, se esse jornalista tivesse me dado o microfone para que eu fizesse um comentário ao final do programa, teria ficado muda. Eu estava em estado de choque.

Estava sem argumento contra o caso que ele tinha acabado de apresentar. Nós, cristãos, declaramos que nossa fé, quando posta em ação, pode influenciar a sociedade para o bem. E vamos além... Tenho escutado e ensinado que são necessários somente 20% de uma sociedade com o mesmo ideal para que possa influenciar e até liderar os outros 80% numa determinada direção. Ensinamos que o Evangelho é bom para todos e que seus princípios abençoam até mesmo aqueles além da nossa crença. Os fatos sobre a cidade de Dallas, porém, não sustentavam essa declaração. Dallas possui consideravelmente mais que 20% de cristãos comprometidos. Temos de olhar para os fatos! Podemos dizer que essa cidade representa a herança da influência cristã?

Eu estava explodindo com perguntas e implicações sobre o que eu tinha acabado de ouvir. Por que não fui honesta o suficiente para enxergar a discrepância entre meus ensinos e os resultados visíveis ao meu redor? Por que foi preciso um não crente para me fazer enxergar tudo isso? Como é que nós, líderes cristãos, podíamos dizer que qualidade de vida não era problema nosso? Se o Evangelho tem mesmo essa força para influenciar toda a sociedade, como poderiam os Estados Unidos da América, que, neste momento da sua história, possuem o maior número de cristãos *per capita*, estar se desviando dos valores bíblicos em todas as áreas de sua sociedade? Crime, imoralidade, pobreza, corrupção, justiça, doenças, drogas, falta de moradia, alfabetização e mais?! Como é que eu e a infinidade de cristãos comprometidos que conheço não percebemos isso antes? Como podíamos não ter julgado nosso desempenho e percebido nossa falha?

A busca pela verdade

Tornei-me cristã com relutância. Quando era uma estudante universitária, eu era uma ateísta declarada que vivia discursando sobre as razões pelas quais não se deve acreditar na Bíblia.

Eu ansiava pela verdade, mas por aquela que era prática e que pudesse ser vivida no meu dia a dia. Eu ansiava por uma verdade que pudesse levar justiça e amor genuínos ao próximo. Eu me tornei cristã porque me convenci de que é o único conjunto de crenças que explica a realidade do Universo em que vivemos, tanto a boa como a ruim. Meu encontro com essa Verdade e a Pessoa de Jesus Cristo foi um trampolim para o Reino de Deus. Desde então, venho tentando aprender mais sobre as verdades desse Reino e sobre como colocá-las em prática na minha própria vida e trabalho. No entanto, sempre dizia que, se fosse possível provar que os ensinos da Bíblia e da vida de Jesus não são verdadeiros, eu teria de reavaliar todos os conceitos que me norteavam. Nada tinha abalado mais a minha confiança no cristianismo que aquele programa de televisão. Tudo aquilo em que eu acreditava tinha sido posto em xeque.

Enquanto me debatia com as revelações do programa, consegui pensar em três respostas possíveis:

1. Deus não existe;
2. Deus ou a Palavra de Deus não são verdadeiros. A Bíblia ensina que Seus princípios aplicados vão influenciar a sociedade como um todo, mas, na prática, isso não funciona;
3. Os valores bíblicos não estão sendo aplicados pelos cristãos de hoje, portanto, não podemos ver a influência que essas verdades teriam e tiveram na História.

Em meu coração, eu sabia que a terceira opção era a correta. Não me tornei cristã por tradição, nem por razões emocionais ou pessoais. Sou uma seguidora de Jesus Cristo porque acredito que a Bíblia é verdadeira e que, sempre que seus ensinos e princípios forem considerados e aplicados, eles se provarão verdadeiros. Minha fé estava sendo testada e eu sabia que o Deus que eu conhecia estava pronto para o desafio, mas eu ainda precisava de respostas!

Logo no início da minha caminhada com Jesus, descobri que algumas perguntas são muito grandes para as nossas pobres mentes limitadas. Aprendi, porém, que esses questionamentos não são muito grandes para Deus. Ele tem prazer em se revelar e nos guiar ao entendimento, mas cabe a Ele fazer as revelações. Para as questões muito complicadas, tenho uma gaveta especial no fundo da minha mente. Não devemos jogar fora as grandes e esmagadoras perguntas que desafiam nossa crença nem a natureza e o caráter d'Aquele em quem cremos. Se não nos confrontarmos com as questões difíceis da vida e da nossa fé, perdemos a oportunidade de Deus se revelar de uma maneira maior. Da mesma forma, não poderemos enfrentar os dilemas mais sérios da vida, já que não temos o entendimento. Portanto, levar essas questões difíceis diante do trono de Deus e esperar até que Ele nos dê mais entendimento é vital. Ao fazê-lo, crescemos no conhecimento de quem Ele é.

As observações incômodas, apresentadas pela análise honesta do jornalista britânico desafiam a validade do que eu e você dizemos ser a influência natural que deve acompanhar o cristianismo quando apresentado a uma comunidade. O que pregamos não parece corresponder ao impacto que vemos o cristianismo ter na sociedade hoje. Resolvi guardar essas questões que estavam me agonizando tanto na gaveta junto com uma oração: "Pai, eu acredito na Sua Palavra e acredito em Ti quando diz que queres abençoar todas as pessoas e usar a Igreja para isso. Acredito que Tu podes nos abençoar e que Seus princípios são verdadeiros. Mas, Senhor, hoje, não temos tido o tipo de influência que deveríamos ter. Por quê? Ajude-me a entender! Ajude-me a enxergar!".

Viagem para a África

Eu iniciei minha vida de missionária internacional no norte da África. Quatro maravilhosos anos na "terra dos faraós". Eu amava o Egito e teria, com todo o prazer, passado o resto da minha vida ali. Mais de 20 anos após essa minha estreia missionária e alguns meses depois de ter assistido ao documentário sobre Dallas, eu me encontrava a caminho de uma viagem exploratória mais extensiva sobre o continente Africano. A África é enorme e passei horas dentro de aviões observando sua imensidão. Por dois meses, atravessei-a de Oeste a Leste e viajei também ao Sul: Togo, Gana, Nigéria, Quênia, Uganda e a África do Sul.

As perguntas sobre Dallas ainda se encontravam guardadas na gaveta do fundo da minha mente. Como podia uma comunidade cristã se encontrar em um estado tão abominável? Como o Evangelho podia resultar num caos assim? Enquanto eu visitava nações primariamente cristãs, como Togo, Gana, Nigéria, Quênia e Uganda, minha angústia aumentava. As estatísticas de missões que eu tinha anunciado com tanta alegria, agora, queimavam dentro da minha cabeça. "África, 80% cristã na região ao sul do Saara até o final do século XX", "África, o continente mais evangelizado do mundo", "África, até o final do século XX, o continente com maior número de igrejas".

Mas, em cada país, a história era a mesma: pobreza, doenças, violência, corrupção, injustiça e caos se encontravam comigo a cada esquina. Então, eu me peguei perguntando: "É isso que 'Venha o Teu Reino e seja feita a Tua vontade, assim na Terra como no Céu' significa? É essa a bênção que o Evangelho traz a uma comunidade? É assim que fica uma nação quando é totalmente 'alcançada'? Nessa região ao sul da África, nós já alcançamos praticamente cada criatura! Milhares de igrejas implantadas e lotadas. Evangelistas africanos se multiplicando e dando continuidade ao trabalho. É desse jeito que as coisas ficam quando nosso trabalho como cristãos se cumpre em uma nação? Deus nos perdoe, não pode ser!". E a minha angústia aumentava.

Por outro lado, você pode estar pensando: "Isso é injusto. Esses países já eram pobres antes de o Evangelho chegar". E você está certo. Mas alguns estão mais pobres e com mais doenças agora, depois que o Evangelho chegou. Passei muitas horas perguntando a Deus como era possível isso acontecer. Como podíamos, sendo cristãos e especialmente como missionários, orgulhar-nos pelo trabalho bem feito no sul e no centro da África? Como podíamos falar tão bem sobre a grande Reforma Protestante da Europa e da América do Norte e não ver que essa realidade transformadora nunca acontecera na África? Como alguém podia aceitar uma África totalmente devastada como sendo "alcançada"? Como alguém podia acreditar que a África ou a deteriorada Dallas eram exemplos do impacto causado pelo cristianismo? Como podíamos usar as tão chamadas nações evangelizadas, nas condições em que se encontram hoje, como troféus e provas de que, por onde o Evangelho de Jesus Cristo for pregado, as bênçãos o acompanhariam?

Meu coração pesava. Minha oração era: "Senhor, onde foi que erramos?" Quase duzentos anos de esforço missionário concentrado nesse continente... Como podia ter resultado nisso? Foi então que Deus me deu uma revelação que iria mudar para sempre meu entendimento de missões, bem como o meu chamado.

Deus falou de forma simples, fundamental e permanente: "A devastação que você está vendo é o produto do abandono da Verdade bíblica completa. Pregaram apenas salvação como se fosse Minha única mensagem".

Como evangélicos, temos falado sobre a mensagem da Salvação, o Novo Nascimento e a conversão, como se a experiência da Salvação fosse a única mensagem bíblica.

CAPÍTULO 2

Perdemos a nossa cosmovisão cristã!

Respondeu Jesus: "Ame o Senhor, o seu Deus de todo o seu coração, de toda a sua alma e de todo o seu entendimento". Este é o primeiro e maior mandamento. (Mateus 22.37-38)

Pois, se oro em língua, meu espírito ora, mas a minha mente fica infrutífera. Então, que farei? Orarei com o espírito, mas também orarei com o entendimento [...] (1 Coríntios 14.14-15)

Você deve estar se perguntando: "O Evangelho da salvação? Qual o problema com o Evangelho da salvação?". A resposta é: nenhum! Não há nada de errado com a essa parte do Evangelho, mas, como evangélicos, temos falado sobre a mensagem da salvação, o Novo Nascimento e a conversão como se a experiência da salvação fosse a única mensagem bíblica. Jesus ensinava que a única maneira de se entrar no Reino dos Céus era por intermédio d'Ele, mas sempre colocava a salvação dentro do contexto da mensagem completa do Reino dos Céus. Ele nunca se referiu ao Evangelho da salvação. Jesus ensinava o Evangelho do Reino: salvação e as verdades sobre cada dimensão da nossa vida. Mesmo assim, mais de 150 anos de trabalho missionário têm sido dominados por esse conceito da salvação como sendo o nosso único objetivo.

O resultado dessa mensagem deficiente do Evangelho é tão trágico quanto um "adultescente" que, apesar de ser capaz de desenvolver a própria vida, vive às custa dos pais. Algo errado aconteceu. O plano de Deus foi interrompido e essa pessoa não progrediu a si mesma por completo. A pessoa ainda é preciosa, mas os planos e propósitos de Deus para ela, foram distorcidos. Esse princípio é o mesmo para o Reino. Não basta somente nascermos de novo, também devemos crescer nas verdades de Deus, pois elas se aplicam a todas as áreas de nossas vidas. Temos de ter nossas mentes transformadas e nossos pensamentos cativos pelas verdades do grandioso Reino de Deus, entendendo como Ele quer que vivamos!

Do que o Dr. Michael Cassidy, da África, chamou de "A Grande Reversão"[1], nós pegamos a mensagem integral ensinada no Antigo e no Novo Testamento e a reduzimos a uma mensagem a respeito do ponto de entrada para o Reino. O início se tornou o alvo: salvação! Queremos que as pessoas sejam salvas e, quando conseguimos isso, procuramos trazê-las para a igreja. A partir daí, voltamos para alcançar aqueles que nunca ouviram a mensagem. Esse tem sido o nosso conceito de missões, isto é, evangelização. Quando um povo ouve nossa mensagem sobre a salvação e quando igrejas são implantadas, sentimos que a nossa tarefa foi cumprida. Cem anos atrás, os fundadores da Igreja teriam ficado assustados com essa super ênfase na salvação, excluindo o restante do ensinamento bíblico. A mensagem que reformou as culturas ocidentais e construiu nações com valores cristãos sólidos não foi o Evangelho da salvação, mas sim, o Evangelho do Reino, incluindo a salvação.

As verdades do Evangelho do Reino existem para nos transformar enquanto nos ensinam sobre como viver cada área de nossas vidas. Então, somos transformados para sermos sal e luz para nossas famílias, vizinhos,

---

[1] CASSIDY, Michael. *The passing summer*. Londres: Hodder & Stoughton, 1989.

comunidades e, finalmente, nossas nações, fazendo delas, lugares melhores para se viver. Não comunidades perfeitas, não o Céu na Terra, porém, comunidades melhores, porque a influência do bem pode ser maior que a influência do mal. Existem grandes exemplos na História a respeito disso. A transformação de vidas foi tão enfatizada na história da Igreja que se fala que nunca existiu um "avivalista" usado por Deus que acreditasse que Seus propósitos se cumpriam com o avivamento. Todos acreditavam que este culminava na transformação significativa das comunidades, por meio da influência da Igreja avivada em toda a sociedade.

A Igreja Primitiva transformou Israel, revolucionou o Império Romano e estabeleceu o alicerce para que países da Europa Ocidental se tornassem as nações mais prósperas do mundo. Como isso é diferente daquilo que temos visto na história moderna de missões! Hoje, a África evangelizada apresenta uma situação pior em todos os âmbitos de sua sociedade (doenças, criminalidade, justiça, economia e família) que antes de o cristianismo chegar.[2] A América do Norte tem um número enorme e, aparentemente, crescente de cristãos praticantes, mas decrescente em termos de valores morais e de qualidade de vida. Missionários trabalhando na Índia dizem que, enquanto divulgamos que a Nagalândia [estado indiano] é 80% cristã, ignoramos que 70% dos adolescentes da capital desse estado são viciados em drogas.[3] Ruanda, com uns 60 anos de avivamento contínuo na Igreja, pratica genocídios nas guerras civis tribais. Alguns dizem que, hoje, existe um número de cristãos no mundo maior que o total de cristãos que já existiu na História. Onde está o poder para influenciar e transformar as comunidades que o apóstolo Paulo, São Patrício, Calvino e muitos outros experimentaram em suas épocas?

---

[2] KINOTI, George. **Hope for Africa and what the Christian can do**. Publicado por African Institute for Scientific Research and Development, Nairóbi, 1994.

[3] N.E.: Atualmente, a Índia ocupa o décimo lugar da Lista Mundial da Perseguição (LMP). O crescente índice de violência fomentado pelo nacionalismo religioso possivelmente ocasionou a queda da porcentagem de cristãos no estado da Nagalândia apresentada pela autora. Informações disponíveis em *https://www.portasabertas.org.br/lista-mundial-da-perseguicao/india*. Acesso em dezembro de 2020.

PERDEMOS A NOSSA COSMOVISÃO CRISTÃ!

Será que o resultado da evangelização moderna reflete o "venha o Teu Reino, seja feita a Tua vontade assim na Terra como no Céu"? Com certeza, não! Então, onde foi que erramos? Como conseguimos chegar a um Evangelho tão reduzido? A boa notícia é que existe resposta para essa pergunta. Podemos dizer "boa notícia" porque o primeiro passo para mudar é sabermos onde está o problema. Nesse caso, um dos problemas é que perdemos a nossa cosmovisão cristã!

O pensamento cristão dividido

Ao longo dos dois últimos séculos, os cristãos, especialmente os evangélicos, têm desenvolvido uma visão dividida do mundo. Esse processo foi acontecendo em tempos, regiões e denominações diferentes, mas podemos dizer que, atualmente, esse pensamento dicotômico domina a maior parte do cristianismo.

Essa dualidade se desenvolveu da seguinte forma: uma parte da Igreja era da opinião de que a salvação era por conta de Deus, portanto, a responsabilidade da Igreja era cuidar das necessidades básicas do homem, como alimento, vestuário, abrigo, saúde e, talvez, até educação. Outra parte da Igreja reagiu com um forte "Não!". Seu ponto de vista era o de que somente a alma do homem e a vida eterna tinham valor, por isso, o objetivo desse grupo se concentrava na salvação das pessoas. Eles se diziam preocupados com os assuntos espirituais, enquanto os do grupo anterior se atentavam apenas às questões materiais. Aqueles que achavam que a função principal da Igreja era somente a salvação dos homens, se tornaram conhecidos como evangélicos e começaram a se referir aos membros do outro grupo como liberais. Os evangélicos estavam preocupados com os assuntos eternos e espirituais. Os liberais estavam mais preocupados com assuntos mundanos do dia a dia. Os evangélicos pregavam a mensagem espiritual da salvação e se concentravam no sagrado. Já os liberais, na opinião dos evangélicos, pregavam o Evangelho social e estavam mais preocupados com as questões seculares. Essa cosmovisão aumentou com a ênfase crescente na volta imediata de Jesus e o conceito de que tudo que era secular iria para o Inferno.

A intenção deste livro não é tratar dessas temáticas de maneira abrangente. Essa é uma forma bastante simples de se analisar temas doutrinários consideravelmente bem mais complexos. O que estou querendo ressaltar aqui é, simplesmente, que uma visão dividida do mundo invadiu a Igreja, e transformou a "salvação de almas" na principal mensagem do Evangelho que pregamos hoje. Os cristãos, em sua maioria, tornaram-se mais preocupados com os assuntos "espirituais" da fé: salvação, oração, batalha espiritual, curas e Céu. O que, consequentemente, resultou na crença de que só tínhamos tempo suficiente para conseguir salvar as almas e mais nada.

Evangelho dividido	
ESPIRITUAL	MATERIAL
SALVAÇÃO	SOCIAL
ETERNO	TEMPORÁRIO
CELESTIAL	TERRENO
EVANGÉLICO	LIBERAL
SAGRADO	SECULAR

A tragédia nessa divisão, como acontece na maioria dos casos, é que ambos os lados estavam certos e errados ao mesmo tempo. Os evangélicos estavam certos com relação ao que o Evangelho era e errados no que eles pensavam que o Evangelho não era. O Evangelho que Jesus ensinava, fundamentado nos ensinamentos completos de Deus a Israel, por intermédio de Moisés e dos profetas, era uma mensagem que lidava com pecado e salvação, Céu e Inferno, oração e batalha espiritual. Os liberais, por sua vez, estavam corretos ao dizer que também era uma mensagem sobre o desejo

PERDEMOS A NOSSA COSMOVISÃO CRISTÃ!

de Deus por um governo íntegro, por distribuição da renda justa, pelo uso apropriado da Ciência e da Tecnologia, da Comunicação, Artes, Família e todas as outras áreas da vida.

O resultado de um Evangelho dividido e reduzido é fácil de ver no mundo em que vivemos atualmente. Nunca houve antes na História tantos cristãos, em tantas igrejas, em tantas nações, falando tantos idiomas. Mas, creio que também é justo dizer que nunca a expansão da Igreja teve tão pouco impacto em suas comunidades como nos dias de hoje. A Igreja evangélica atual é enorme, porém fraca, pois, perdemos a maior parte da mensagem do Reino. Podemos dizer que os assuntos sociais, econômicos e jurídicos de nossas comunidades não são problemas nossos porque temos uma visão dicotômica do mundo. Somos "líderes espirituais" e não nos preocupamos com problemas seculares. Porém, a grande questão é que não precisamos parar de pregar a mensagem da salvação individual, e, sim, recuperar desesperadamente as verdades essenciais contidas no restante da mensagem do Reino de Deus. Temos de renovar a nossa mente e ver as nossas vidas transformadas, alinhando todos os nossos pensamentos com os pensamentos de Jesus Cristo. Apenas assim a Igreja do século XXI vai conseguir mudar o mundo e, só então, o Corpo de Cristo será não apenas grande e diversificado, mas também reconquistará a sua capacidade de influenciar.

Não é o suficiente alcançar os não alcançados. Não é o bastante implantar igrejas nos lugares onde elas não existem. Nós temos de discipular as pessoas e, por intermédio delas, discipular suas comunidades e suas nações. Se não fizermos isso, não cumpriremos com o propósito para o qual fomos criados.

CAPÍTULO 3
Perdemos nossa missão!

Pois, se lançar o alicerce e não for capaz de terminá-la, todos os que a virem rirão dele, dizendo: "Este homem começou a construir e não foi capaz de terminar". (Lucas 14.29-30)

E a perseverança deve ter ação completa, a fim de que vocês sejam maduros e íntegros, sem lhes faltar coisa alguma. (Tiago 1.4)

Um amigo me ensinou uma lição muito importante. Quando alguém lhe pedir para fazer um trabalho, sempre pergunte como ele deve ficar depois de concluído, para que seja considerado bem feito. É impossível conseguir fazer bem aquilo que você não entende. Se a Igreja deve fazer aquilo que Jesus nos orientou, devemos saber o que é e como deve ficar seu resultado.

Ao final de Sua vida, Jesus fez a seguinte oração: "[Pai,] Eu te glorifiquei na terra, completando a obra que me deste para fazer" (João 17.4 – acréscimo da autora). Seu Pai O enviara, dentro do tempo e espaço, para que cumprisse objetivos específicos. Ele sabia quais eram esses objetivos e os cumpriu. O trabalho de alcançar o mundo inteiro não foi concluído na Sua morte, mas Jesus entendeu que não tinha sido enviado para fazer tudo. Uma grande parte da missão iria ser completada pela Igreja que Ele estava deixando na Terra. Mas, para aquele momento, a tarefa específica que devia desempenhar como Filho e Messias estava concluída.

Após quase 30 anos em missões, ainda fico maravilhada com essa passagem. Muitas vezes, nós mesmos nem sabemos qual é a nossa tarefa como servos do Senhor. Se algo precisa ser feito, deve ser nossa responsabilidade fazê-lo. Eu não me lembro de ouvir um pastor dizer: "Concluí meu trabalho". No entanto, Jesus não achava que tudo era Sua responsabilidade. Ele sabia exatamente o que o Pai Lhe incumbira de fazer e soube quando Seu trabalho tinha sido concluído. Podemos aprender muita coisa nisso para nossas próprias vidas e chamados. Você sabe o que Deus lhe chamou para fazer?

Outra coisa que chama a minha atenção nessa passagem é que o Pai foi glorificado pela obediência de Jesus no cumprimento de Sua tarefa. Quando sou apresentada como palestrante, meus anfitriões normalmente enumeram uma longa lista das minhas realizações. O que eles estão tentando, é dar à plateia um ponto de referência e também razões que expliquem o porquê de me ouvirem. Apesar de ficar agradecida, é muito importante que eu não me impressione comigo mesma e com meus feitos. Deus não está olhando para o passado, mas para a linha de chegada. Ele me desafia a não somente começar bem, mas a terminar bem. Só então Ele será glorificado em minha vida e por meio do meu trabalho. Esses são sérios desafios que devem ser constantemente levados em oração. Você está fazendo aquilo que Deus o chamou para fazer? Você vai cumprir sua tarefa?

Qual é o trabalho da Igreja?

Além da lição pessoal, também podemos fazer essas perguntas para a Igreja como instituição. Qual é o trabalho da Igreja? Como sabemos se o cumprimos? Como podemos avaliar e medir a obediência dessa geração como Corpo de Cristo? Quais são os nossos objetivos específicos e como podemos desenvolver estratégias e avaliar o seu valor?

As respostas a essas perguntas são chaves para a transformação de uma Igreja enorme em uma Igreja de influência no século XXI. Historicamente, alguns têm dito que nosso trabalho é salvar as pessoas e fortalecer a Igreja em escala global. Outros têm defendido que devemos estar mais preocupados com as necessidades materiais dos homens, como alimento, abrigo e segurança, por exemplo. Mas o que Deus diz? O que a Bíblia ensina sobre o mandato para nossa existência neste planeta? Se soubermos o que a Palavra de Deus diz, poderemos construir o nosso futuro numa base sólida.

A espinha dorsal do nosso propósito: alcançar e ensinar

Nos últimos momentos de Sua vida na Terra, Jesus deu instruções aos Seus discípulos:

> Então, Jesus aproximou-se deles e disse: "Foi-me dada toda a autoridade no céu e na terra. Portanto, vão e façam discípulos de todas as nações, batizando-os em nome do Pai e do Filho e do Espírito Santo, ensinando-os a obedecer a tudo o que eu lhes ordenei. E eu estarei sempre com vocês, até o fim dos tempos". (Mateus 28.18-20)

> E disse-lhes: "Vão pelo mundo todo e preguem o evangelho a todas as pessoas". (Marcos 16.15)

> Então lhes abriu o entendimento, para que pudessem compreender as Escrituras. E lhes disse: "Está escrito que o Cristo haveria de sofrer e ressuscitar dos mortos no terceiro dia, e que em seu nome seria pregado o arrependimento para perdão de pecados a todas as nações, começando por Jerusalém". (Lucas 24.45-47)

Muitos têm reduzido esses objetivos a dois simples mandamentos, que dizem que Jesus nos chamou para "alcançar cada criatura e discipular as nações". Isso se encaixa exatamente no que parece ser o enfoque de Deus por toda a Bíblia para a existência humana.

Há uma continuidade de Adão até Jesus Cristo, uma espinha dorsal do propósito da nossa existência. Para Adão e Eva, homem e mulher, Deus usa as seguintes palavras:

Deus os abençoou, e lhes disse: "Sejam férteis e multipliquem-se! Encham e subjuguem a terra! Dominem sobre os peixes do mar, sobre as aves do céu e sobre todos os animais que se movem pela terra". (Gênesis 1.28)

Para Abraão e sua descendência, várias vezes, Ele disse:

Esteja certo de que o abençoarei e farei seus descendentes tão numerosos como as estrelas do céu e como a areia das praias do mar. Sua descendência conquistará as cidades dos que lhe forem inimigos e, por meio dela, todos os povos da terra serão abençoados, porque você me obedeceu. (Gênesis 22.17-18)

Parece claro que essa ênfase na multiplicação e na bênção, ou seja, na quantidade e na qualidade, esteja nos planos e propósitos de Deus para o homem desde a sua criação. Estamos aqui para encher a Terra e zelar por ela. Essa definição do nosso propósito não desapareceu com a entrada do pecado no mundo. Ao contrário, ela continua, apesar do trabalho extra que agora o pecado nos dá.

Podemos avaliar o trabalho da Igreja em duas dimensões: a amplitude de alcançar cada criatura e a profundidade de abençoar e discipular todas as nações. Nosso trabalho é quantitativo e qualitativo. Porém, nos dois últimos séculos, o que mais temos compreendido e focado é o primeiro tipo.

A tarefa quantitativa: alcançando cada criatura

A tarefa quantitativa da Igreja pode ser medida, mapeada e representada graficamente. O século XX foi provavelmente o mais animador na história da Igreja com relação à estratégia de alcance e ao mapeamento global dos povos não alcançados. Atualmente, temos uma quantidade impressionante de informações que nos ajudam a avaliar o nosso trabalho de evangelização. Nos últimos 30 anos, organizações inteiras foram criadas com o compromisso exclusivo de acompanhar e documentar como a nossa geração está se saindo no cumprimento dessa nossa tarefa de alcançar todas as pessoas da Terra com o Evangelho.

Sabe-se ainda que, hoje, há mais de sete bilhões e meio de pessoas vivendo em nosso planeta, como também, que cerca de 88% daqueles que nunca ouviram sobre o Evangelho, vivem no que, em missões, chamamos de "Janela 10/40".[1] Essa "janela" se localiza entre as latitudes 10 e 40 graus, indo do oeste africano até atravessar todo o continente asiático. Dentro dela, vive a maioria dos muçulmanos, budistas, hinduístas e confucionistas. Sabemos que menos de 5% dos missionários cristãos do mundo todo trabalham dentro da Janela 10/40 e que os 95% restantes trabalham onde menos de 10% da população nunca sequer ouviu falar de Jesus Cristo. Isso nos deixa com uma visão clara sobre onde devemos concentrar nossas energias e nos confronta sobre o quanto ou se queremos completar a tarefa de alcançar cada criatura em nossa geração.

Além do conhecimento a respeito da população e dos desafios geográficos da nossa tarefa, nós sabemos que, atualmente, por volta de 6.500 povos do mundo ainda não têm o Evangelho.[2] Sabemos quais desses grupos estão na mira dos ministérios de tradução e quanto tempo eles levarão para cumprir o trabalho. Programas de computador, de tradução e de mapeamento têm feito desse planejamento estratégico uma área de pesquisa fascinante, que proporciona ferramentas significativas aos obreiros no campo. Isso tudo nos ajuda na avaliação do trabalho da Igreja e no planejamento necessário para cumpri-lo.

Podemos comparar a tarefa atual de alcançar cada criatura com o trabalho da primeira geração da Igreja. Sabemos que, nos dias de Paulo, existia aproximadamente uma igreja para cada 400 ou mais povos que necessitavam ser alcançados. Hoje, existem mais de 400 igrejas para cada tribo não alcançada. Na primeira geração da Igreja, havia um cristão para cada sete não alcançados. Atualmente, existem sete cristãos para cada pessoa que nunca

---

[1] **State of the world: the 10/40 window.** Publicado por *The Traveling Team* em julho de 2017. Disponível em *http://www.thetravelingteam.org/articles/1040-window*. Acesso em dezembro de 2020.

[2] **Quem são os povos não alcançados?** Publicado por *Associação Missionária para Difusão do Evangelho* em julho de 2019. Disponível em *https://amide.org.br/blog/quem-sao-os-povos-nao-alcancados/*. Acesso em dezembro de 2020.

ouviu o Evangelho. Mais pessoas vivem hoje em dia no planeta que em toda a História, porém existem mais cristãos e mais igrejas tentando alcançá-las atualmente que em qualquer outro momento na História da humanidade. A tarefa quantitativa de "alcançar cada criatura" dessa geração está em pleno avanço. Podemos ficar orgulhosos com o compromisso da Igreja nessa obra, e é claro que o trabalho deve continuar e crescer. Se nós queremos ver Deus glorificado em nossa geração, a nossa responsabilidade é concluir a tarefa.

Mas, e quanto a ensinar, abençoar e discipular todas as nações? Estamos trabalhando nisso? O que significa essa outra tarefa?

A tarefa qualitativa: discipulando todas as nações

Ao final da Sua vida, Jesus, além de dizer aos discípulos para alcançar cada criatura, também reenfatizou o segundo mandato. Ele lhes pediu para fazerem discípulos em todas as nações. O destino de Deus para a humanidade, para Israel, para as nações e, finalmente, para a Igreja nunca teve a ver somente com a quantidade. Ele se preocupava também com a nossa qualidade de vida. Se alcançar indivíduos é a tarefa quantitativa, discipulá-los, bem como a suas comunidades, é o trabalho qualitativo de ensinar e aplicar as verdades bíblicas para o nosso crescimento e para a nossa maturidade.

O que significa discipular uma nação? Como ela fica quando discipulada? Essas são perguntas difíceis, porque avaliações qualitativas são mais complexas. Quando podemos dizer que uma pessoa é madura? Quando podemos considerar uma ação como sendo boa? Quando uma economia pode ser considerada desenvolvida? O que é pobreza? O que faz um quadro ser considerado como arte? Essas perguntas são ainda mais difíceis de serem respondidas por nós cristãos hoje, porque, durante os últimos dois séculos, temos nos concentrado quase que somente no crescimento quantitativo da Igreja. O resultado é que temos atualmente a maior Igreja da História – e a mais superficial, que menos entende sobre o verdadeiro, o belo e o bom, segundo Deus.

Podemos até não saber o significado de discipular uma nação, mas, com certeza, sabemos o que isso não significa. Quando olhamos hoje para Dallas, ou para o Texas, Malaui, Ruanda, ou qualquer outra comunidade, ou país evangelizado, teríamos coragem de dizer que é assim que fica o nosso trabalho depois de concluído? É essa a vontade de Deus realizada "assim na Terra como no Céu"? Com certeza, não!

Se nós queremos glorificar o Pai em nossa geração, devemos saber qual é o nosso trabalho, e cumpri-lo. Temos alcançado os não alcançados, porém essas pessoas, comunidades e nações estão vivendo em condições inadmissíveis. O Dr. George Kinoti, do Quênia, diz: "A miséria do povo africano desonra o seu Criador. Portanto, cada cristão tem obrigação moral de fazer o seu melhor para consertar a situação".[3]

Não é o suficiente alcançar os não alcançados. Não é o bastante implantar igrejas nos lugares onde elas não existem. Nós temos de discipular as pessoas e, por intermédio delas, discipular suas comunidades e suas nações. Se não fizermos isso, não cumpriremos com o propósito para o qual fomos criados. E, ainda, se não discipularmos as nações, Deus não será glorificado em nossa geração. Isso acontece apenas quando concluímos o trabalho que Ele deixou para nós fazermos. Salvar almas e implantar igrejas é o começo. Porém, a qualidade dessas igrejas e o impacto da vida dos seus membros em suas comunidades são o teste da qualidade de nosso trabalho para Jesus. Nesse momento, estamos mal no teste. O pesquisador cristão George Barna diz que, nos Estados Unidos, não existe "diferença significativa" entre o comportamento das pessoas que se dizem "nascidas de novo" e as que não são. Evangelistas muçulmanos na África perguntam: "O que o cristianismo faz pelas pessoas?". A resposta, hoje, é: nada. As igrejas crescem e mais pessoas são salvas, no entanto, nada muda. Elas ainda continuam pobres, enfermas, analfabetas e vivendo em meio ao caos político e econômico.

Devemos nos entristecer, chorar e lamentar por essa situação na Igreja dos dias de hoje, assim como Neemias lamentou sobre a situação de

---

[3] KINOTI, George. **Hope for Africa and what the Christian can do**. Publicado por African Institute for Scientific Research and Development, Nairóbi, 1994.

Jerusalém (cf. Neemias 1.3-4). Precisamos jejuar e orar, porque o Corpo de Cristo e as nossas comunidades no mundo todo estão em "grande aflição e desgraça". Temos de reagir e aprender a pensar como Jesus. Precisamos ser tudo o que Ele sempre teve a intenção de que a Igreja fosse. A pergunta é: como?

Minha geração não tinha a menor ideia do que significava discipular as nações. Como poderíamos reconquistar a sabedoria, o conhecimento e a influência para transformar comunidades como a Igreja tinha feito no passado?

CAPÍTULO 4
A revelação nos campos de milho

> O que hoje lhes estou ordenando não é difícil fazer, nem está além do seu alcance. Não está lá em cima no céu, de modo que vocês tenham que perguntar: "Quem subirá ao céu para consegui-lo e vir proclamá-lo a nós a fim de que lhe obedeçamos?" Nem está além do mar, de modo que vocês tenham que perguntar: "Quem atravessará o mar para consegui-lo e, voltando, proclamá-lo a nós a fim de que lhe obedeçamos?" Nada disso. A palavra está bem próxima de vocês; está em sua boca e em seu coração; por isso vocês poderão obedecer-lhe. (Deuteronômio 30.11-14)

Ainda hoje me lembro dos campos de trigo e milho, que ocupavam quilômetros e quilômetros, ao lado da estrada. Eu dirigia entre Boise, no estado de Idaho e Des Moines, no estado de Iowa, nos Estados Unidos. O horário, o ângulo da luz, a temperatura e o céu azul se mantêm tão reais em minha mente hoje em dia tal como se fosse naquele exato momento.

Por mais de um ano, já havia ficado claro para mim que os cristãos estavam perdendo uma parte essencial das revelações de Deus para o homem. Minha geração não tinha a menor ideia do que significava discipular as nações. Como poderíamos reconquistar a sabedoria, o conhecimento e a influência para transformar comunidades como a Igreja tinha feito no passado? Quais eram as chaves? Eu tinha compreendido que a nossa mensagem estava incompleta, mas como poderíamos restaurar a revelação total?

A REVELAÇÃO NOS CAMPOS DE MILHO

Em minha busca, procurei homens e mulheres de Deus que pareciam reconhecer a mesma deficiência com relação ao impacto da Igreja atual. Um desses homens foi Tom Hallas, pastor de uma pequena igreja na Nova Zelândia e um dos líderes internacionais da Jocum.[1] Esse homem de Deus tinha uma enorme visão quanto ao papel da Igreja no desenvolvimento do Reino e sua influência na Terra. Chorei por horas depois de ouvi-lo falar sobre a nossa mensagem tão diminuída do Evangelho no campus da Universidade das Nações[2] em Kailua-Kona, no Havaí. Enquanto chorava, eu orei: "Deus, o Senhor tem de nos mostrar o caminho de volta. Por favor, mostre-nos de novo o Reino". Eu me senti tão constrangida pelo Espírito Santo que parecia que estava tendo um ataque cardíaco. "Deus, revele-se a mim ou então, sinto que vou morrer...".

Alguns dias depois, fui falar com Tom Marshall para fazer a mesma pergunta que havia feito aos outros, sendo que, dessa vez, a diferença era que eu tinha certeza de que o pastor Marshall teria a resposta. Ao encontrá-lo, questionei: "Como podemos mudar? Como podemos realmente discipular as nações? Como podemos transformar o sonho do Reino em realidade?". A resposta dele foi simples: "Não faço a menor ideia. Deus não me deu essa revelação". Isso foi tudo o que ele comentou. Dizer que eu fiquei decepcionada é pouco. A pessoa com mais visão na área que eu estava estudando não tinha respostas para mim! Que esperança eu poderia ter agora?

No mesmo ano, saí em uma viagem de sete meses visitando bases missionárias nos Estados Unidos. Foi então que me vi dirigindo através dos campos de milho dos estados conhecidos como Grande Pradaria [ou, em inglês, *Great Plains*]. Dirigir, em vez de simplesmente pegar um avião, era um grande descanso para mim e me proporcionava um tempo maravilhoso para mastigar ideias e orar. Por mais de vinte anos eu tinha lido a Bíblia inteira pelo menos uma vez a cada um ano e meio, e já havia lido todas as versões existentes

---

[1] Youth With A Mission (YWAM) ou Jovens Com Uma Missão (Jocum) é uma organização missionária interdenominacional voltada para o treinamento de cristãos a fim de cumprir a Grande Comissão.

[2] University of the Nations (UofN) é o braço acadêmico da Jocum.

na língua inglesa pelo menos uma vez, também. Durante essa viagem, senti Deus me dar um alvo bem específico: escutar a Bíblia inteira de Gênesis a Apocalipse. Naquela manhã, entre os campos de milho, a luz brilhou na minha mente e, daquele momento em diante, tudo em minha vida mudou.

Enquanto ouvia Deuteronômio, foi como se eu recebesse "ouvidos para ouvir" aquilo que eu já havia lido por tantas vezes e nunca tinha compreendido. Eu me dei conta de que a passagem que tinha acabado de escutar era sobre a Lei Civil. Moisés estava formando um Governo. Depois, veio um trecho sobre Economia, outro sobre Família, Saúde, alguns mais sobre leis e assim por diante. A revelação me atingiu como um raio. O trabalho de Moisés era discipular uma nação, ensinar um povo – que tinha sido escravo por mais de 300 anos – a respeito de como formar e administrar a nação que acabara de nascer. Moisés tinha de ensinar a Israel os princípios de Deus sobre Governo, Economia, Família, Igreja e todas as outras áreas da sociedade, que Deus entregara ao domínio humano. Ele teve 40 anos no deserto para fazê-lo e registrou tudo por escrito.

No que eu estava pensando quando li o Pentateuco nas primeiras vinte vezes? Eu tinha sido ensinada a ler as Escrituras procurando por certos temas, como: salvação, pecado, perdão, oração, justiça e batalha espiritual. Lia e interpretava alegoricamente, mesmo estando claro que são registros históricos de eventos que aconteceram em tempos e lugares reais. Quando lia sobre a escravidão de Israel, eu enxergava uma mensagem sobre pecado e vida sem Jesus. Quando lia sobre o povo judeu no deserto, aprendia sobre o "vale da decisão" entre uma vida de pecado e a grande promessa de Deus a respeito da salvação. Quando lia sobre Israel entrando na Terra Prometida... Salvação! Eles finalmente chegaram a Deus! E eu pregava essas mensagens.

Esses paralelos com o pecado, com a decisão e a salvação estão todos na Bíblia e não há nada de errado em ensiná-los. Porém, não são as mensagens principais dessas passagens. O que estava acontecendo com Moisés era real, e não alegórico. Ele tinha uma população real de judeus, em um deserto de verdade, com um desafio efetivo de transformá-los em uma nação próspera. Moisés teve o trabalho de discipular uma nação com princípios que iriam torná-la bem-sucedida em todos os aspectos e foi inspirado por Deus a registrá-los por escrito para você e para mim. Naquele momento, eu soube que nunca mais leria a Bíblia do mesmo jeito. Minha visão de mundo foi radicalmente transformada.

Moisés: que trabalheira!

Que trabalho tinha Moisés! Nós achamos que temos nações necessitadas hoje em dia, mas dê uma olhada em tudo com o que ele tinha de lidar. Sabemos que 600.000 homens fisicamente aptos haviam saído do Egito junto com Moisés (cf. Êxodo 12.37-38). Qual era a população total? Se contarmos o número de mulheres e crianças para cada homem apto da família de Jacó, que totalizavam 70 homens (cf. Gênesis 46.26-27) quando entraram no Egito, ficaria em torno de 4,5 para cada um. Nessa proporção, o número de israelitas que deixaram o Egito seria em torno de 2.700.000 pessoas. Mas lembre-se de que eles tiveram problemas com os faraós por estarem se multiplicando tão rapidamente e ameaçando o equilíbrio da população com os egípcios (cf. Êxodo 1.6-7). Além disso, a nação de Israel não partiu daquela terra sozinha, pois escravos que não eram israelitas foram com eles também. Desde o início, estrangeiros eram parte da multidão na jornada pelo deserto. Não é exagero dizer que Moisés estava guiando mais de três milhões de pessoas.

Para termos uma ideia mais clara, esse número equivale a mais que o total da população de Belo Horizonte – MG. A maior situação de refugiados da História moderna foi a dos afegãos, na fronteira paquistanesa, depois da invasão feita pela ex-União Soviética. Eles somavam em torno de dois milhões. Mesmo com a união de recursos das Nações Unidas, e da Cruz Vermelha juntamente com o auxílio de países desenvolvidos, essa conjuntura de refugiados sobrecarregou as agências humanitárias. Já os judeus, no deserto, não tinham ajuda externa para socorrê-los. Eles se encontravam em circunstâncias muito piores. Os refugiados afegãos, pelo menos, tinham um país para onde voltar. Tinham casas, escolas, negócios e instituições para as quais podiam retornar. Eles contavam com bancos, estradas e infraestrutura para reconstruir, mesmo tendo grande parte destruída pela União Soviética. Os afegãos eram refugiados, mas os judeus fugindo do Egito eram um povo sem nada. Eles não tinham um país, tinham apenas uma promessa.

Imagine!

O povo de Israel cresceu de um pequeno clã de 70 pessoas para mais de 3.000.000, em 430 anos (cf. Êxodo 12.40). Permaneceram exilados ao longo de todo esse tempo e, durante 300 anos, tinham sido mão de obra escrava sob o domínio dos faraós, sendo que, ao deixarem aquela nação, levaram consigo só aquilo que conseguiram carregar e os animais que possuíam. Pense nisso! Inclusive, tempos atrás, ouvi um relato de um general do exército norte-americano, especializado em logística, que analisou a situação com a sua mente matemática e calculou que eles precisariam de, aproximadamente, 1.500 toneladas de alimento por dia — o que equivale, em média, à carga de 100 caminhões médios para cada três quilômetros de percurso, por exemplo — 4.000 toneladas de lenha por dia para a preparação do alimento, e mais 1.000.000 de galões de água por dia para beber e para lavar a louça. Isso tudo iria requerer um trem de 3.000 quilômetros de comprimento só com vagões tanques. O acampamento deveria ter quase duas vezes o tamanho do município de São Paulo, por exemplo. Além disso:

- Eles eram pobres;
- Eles não tinham escolas;
- Eles não tinham Governo;
- Eles não tinham Economia;
- Eles não tinham terra;
- Eles não tinham exército;
- Eles não tinham indústria;
- Eles não tinham agricultura;

- Eles não tinham uma religião;
- Eles tinham espírito de pobreza e não davam valor ao trabalho;
- Eles tinham sido oprimidos e feitos reféns de uma situação;
- Eles tinham um sistema social subdesenvolvido;
- Eles eram, sem dúvida, o maior e mais subdesenvolvido povo que já existiu na face da Terra. Comparados a qualquer outra nação na qual eu possa pensar hoje, Israel, no deserto, encontrava-se em uma situação muito pior.

É para este povo que Deus diz: "Vocês não são uma nação, mas eu farei de vocês uma nação". O Senhor promete a eles que iriam se tornar uma grande nação e que as demais admirariam sua grandeza e seriam abençoadas através deles. Eles haviam acabado de partir de uma das maiores civilizações da História da humanidade, o Egito, em seus dias de glória sob o reinado dos faraós. Os judeus formavam uma multidão empobrecida no meio de um deserto. Ainda assim, Deus disse para eles que iria transformá-los em uma grande nação! Dá para imaginar a incredulidade, o espanto e até o cinismo com que eles receberam essa promessa?

No entanto, em cerca de 300 anos, Deus cumpre sua promessa. Ele os transforma em uma das maiores, senão a maior, nação existente naquela época. Eles adquirem uma reputação tão notória que, em três séculos, o mundo todo estava falando sobre Israel. Tanto é que uma rainha da Península da Arábia Saudita toma conhecimento desse grande reino e decide verificar pessoalmente. Ela viaja rumo ao norte e atravessa o Egito, a antiga grande nação, continuando sua jornada em direção à Canaã. Escute estas palavras:

> A rainha de Sabá soube da fama que Salomão tinha alcançado, graças ao nome do Senhor, e foi a Jerusalém para pô-lo à prova com perguntas difíceis. Quando chegou, acompanhada de uma enorme caravana, com camelos carregados de especiarias, grande quantidade de ouro e pedras preciosas, foi até Salomão e lhe fez todas as perguntas que tinha em mente. Salomão respondeu a todas; nenhuma lhe foi tão difícil que não pudesse responder. Vendo toda a sabedoria de Salomão, bem como o palácio

que ele havia construído, o que era servido em sua mesa, o lugar de seus oficiais, os criados e copeiros, todos uniformizados, e os holocaustos que ele fazia no templo do Senhor, ela ficou impressionada. Disse ela então ao rei: "Tudo o que ouvi em meu país acerca de tuas realizações e de tua sabedoria é verdade. Mas eu não acreditava no que diziam, até ver com os meus próprios olhos. Na realidade, não me contaram nem a metade; tu ultrapassas em muito o que ouvi, tanto em sabedoria como em riqueza. Como devem ser felizes os homens da tua corte, que continuamente estão diante de ti e ouvem a tua sabedoria! Bendito seja o Senhor, o teu Deus, que se agradou de ti e te colocou no trono de Israel. Por causa do amor eterno do Senhor para com Israel, ele te fez rei, para manter a justiça e a retidão". E ela deu ao rei quatro toneladas e duzentos quilos de ouro e grande quantidade de especiarias e pedras preciosas. E nunca mais foram trazidas tantas especiarias quanto as que a rainha de Sabá deu ao rei Salomão. (1 Reis 10.1-10)

Deus fez uma promessa e a cumpriu

Deus fez uma promessa a Israel de fazer deles uma grande nação e a cumpriu. Ele construiu uma grandeza em cada categoria. Israel tinha leis justas. Eles eram economicamente prósperos. Sua arquitetura e arte eram brilhantes. Eles possuíam sabedoria e educação superior. Inclusive, um de seus reis, Salomão, foi um grande cientista. Eles eram admirados até pelos seus antigos dominadores, os egípcios. Eles não eram, de forma alguma, uma nação perfeita, visto que Deus nunca havia indicado isso em Sua promessa. Mas eram, sim, uma grande nação. A história de Israel não está escrita apenas para ser usada como uma alegoria da qual derivam mensagens sobre salvação. Podemos nos fixar apenas nisso se quisermos. Mas o texto se refere à História — que aconteceu no tempo e no espaço, com pessoas de verdade, com uma nação de verdade. A questão, para nós, é: se Deus fez uma vez, Ele pode fazer novamente. Os princípios divinos, se aplicados, podem e conseguem transformar comunidades e nações. Se Ele pôde desenvolver esses pobres hebreus, tornando-os uma grande nação, Ele pode fazê-lo com qualquer nação que existe, em qualquer época, porque, nenhuma comunidade ou nação neste mundo de hoje se encontra em situação pior que a dos israelitas que estavam no deserto.

Quando Deus nos pede para alcançarmos todas as criaturas com a mensagem da salvação, Ele nos ensina como fazer isso. Ele nos deixa o modelo de Jesus e Paulo, bem como a Igreja do Novo Testamento para nos orientar com uma visão global para alcançar cada língua, tribo e nação. Mas Deus também nos pediu para "discipular todas as nações". Como faremos isso? Ele não nos daria uma tarefa e depois ficaria em silêncio, sem nos ensinar a cumpri-la. Assim como as chaves para evangelismo estão nas vidas e nas histórias de Jesus e Paulo, as chaves para a nossa tarefa de transformar comunidades estão na vida e na história de Moisés. A jornada do povo de Israel, da escravidão para a grandeza, é o nosso modelo para discipularmos as nações.

Agora, a questão é: como iremos aprender isso? Investiremos o nosso tempo em estudar a Palavra de Deus até que nossas mentes sejam renovadas e que entendamos os princípios de Deus para cada área da sociedade e para a construção de uma nação? Seremos transformados em nossa geração para que Deus possa, mais uma vez, ser glorificado através da sabedoria e da influência do Seu povo? Nós temos de decidir. Você tem de decidir.

Somos salvos e nos posicionamos do lado de dentro do Reino, convidando outros a serem salvos também. Só que nós não sabemos como passar do saguão de entrada para ir até a enorme e magnífica casa de Deus, e não conhecemos os Seus planos para todas as áreas da vida.

CAPÍTULO 5

Aprendendo a colorir... De novo!

Então todo o povo saiu para comer, beber, repartir com os que nada tinham preparado e para comemorar com grande alegria, pois agora compreendiam as palavras que lhes foram explicadas. (Neemias 8.12)

Ele enviou a sua palavra e os curou, e os livrou da morte. (Salmos 107.20)

Enquanto entrava a bordo do avião e caminhava pelo corredor, uma senhora deu uma olhada em direção à minha pasta, que estava aberta, e perguntou: "Vamos colorir no voo hoje?".

Na sacola ao lado da minha Bíblia, era possível ver oito lápis de cor. Assim que eu me dei conta do que Deus estava me dizendo através da revelação dos campos de milho, entendi o que deveria fazer. Comprei lápis de cor e uma nova Bíblia para buscar o que a Palavra de Deus tinha para me ensinar sobre cada área de influência na sociedade: Governo, Economia, Família, e assim por diante.

Começaria com os livros de Moisés porque era óbvio que o seu trabalho era ensinar essas coisas a uma Nação; depois continuaria pelo resto da Bíblia a fim de procurar todos os conselhos da Palavra de Deus para cada área da sociedade. Acho que nunca tinha ficado tão empolgada com alguma coisa desde a invenção da televisão.

Já tinha uma ideia do que iria buscar nas Escrituras, porque a Universidade das Nações — onde eu liderava a Faculdade de Comunicação, a qual eu mesma fundei — havia sido desenvolvida em torno do conceito de que certas áreas de influência discipulam nações. Escolhi Governo, Economia, Família, Ciência (incluindo a Tecnologia), Artes e Entretenimento, Comunicação, Educação e, é claro, o tradicional trabalho da Igreja. A meu ver, o próprio estudo iria confirmar se essas eram, ou não, categorias essenciais segundo a Palavra de Deus. A natureza dele era descobrir o quanto essas esferas eram enfatizadas e quais eram os princípios para cada uma delas.

Eu conhecia uma Bíblia com os tradicionais temas da salvação e evangelização já sublinhados com código de cores. Marcar assim, ajuda a visualizar melhor o que a Palavra tem a dizer sobre esses assuntos, por isso me senti encorajada a usar cores diferentes para estudar cada categoria.

A dor de cabeça do estudo bíblico

Desde o primeiro dia, esse estudo foi tão intenso que eu conseguia estudar somente vinte ou trinta minutos de cada vez. Exigia uma mudança tão radical da forma pela qual eu estava treinada a ler a Palavra, que me dava até dor de cabeça. Sentia que meus olhos estavam literalmente sendo contorcidos, e eu estava sendo tão profundamente afetada pelo que lia, que tinha de me levantar, andar pelo quarto e orar, pedindo ajuda para absorver tudo o que Deus estava dizendo, tudo o que não tinha entendido em quase trinta anos de vida de estudo bíblico. Minha mente dicotomizada pelo "sagrado X secular" ficava se rebelando contra o que eu estava descobrindo e me acusava de "socializar" o Evangelho e "secularizar" a Palavra de Deus.

Contudo, conforme orava, estudava e buscava a ajuda de Deus, podia ver a abrangência do que Ele ensinava. Deus estava ensinando sobre Governo, e este era secular, então Deus era secular, e não era minha posição dizer-Lhe em que áreas Ele deveria se envolver. Antes, cabia a Ele dizer a mim o que o Seu Reino abrangia. Dia após dia, por cinco anos, minha mente era surpreendida pelo Evangelho do Reino. Eu via de onde os grandes homens e mulheres de Deus haviam tirado os princípios e valores que usaram para transformar e discipular suas nações, e todos eles estavam claros nas Escrituras. Nós os repetíamos da boca para fora nas tão chamadas nações cristãs, mas não ensinávamos, não entendíamos nem conseguíamos mais articular com a autoridade das Escrituras.

Fiquei angustiada ao ver o quanto da Palavra de Deus não usamos mais por não se ajustar com o que gostamos de enfatizar. Eu me dei conta da porção enorme das Escrituras que distorcemos para poder ensinar conforme nossos próprios interesses. Como passei uma vida inteira estudando essas mesmas distorções, esse processo estava sendo profundamente pessoal.

Vou morrer de esplendor

Por outro lado, enquanto sofria por isso, eu igualmente me alegrava e adorava o "novo" Deus que era então revelado a mim. Queria deixar correndo meus estudos e gritar de cima do telhado: "Vocês não têm ideia de como Deus é maravilhoso! Vocês não têm noção de como as boas novas de Deus são maravilhosas!". Meu coração literalmente disparou com a revelação da perfeição e incomparável grandeza do senhorio de Jesus Cristo e de Seu Reino. A salvação e a vida que me trouxe foram os pontos decisivos da minha transformação, mas não eram nada se comparadas à revelação diária da plenitude do Evangelho e da supremacia de Seu Reino. Da mesma forma que, um dia, pensei que iria morrer de tanta necessidade por uma resposta de Deus, agora, eu sentia que ia morrer por causa do esplendor da revelação que Ele havia me dado.

Ao reduzirmos o Evangelho apenas à salvação, também reduzimos Deus a apenas salvador. Certamente, Ele é o nosso salvador. Essa é uma revelação extraordinária e essencial para que se possa entrar pelos portões de

Seu Reino. No entanto, perdemos a revelação de Deus como Rei dos reis: o Senhor da Justiça; *Jeová-Jireh*: o Senhor da Economia; Deus Pai: o Senhor da Família; Deus Criador: o Senhor da Ciência e Tecnologia; Palavra Viva: o Senhor da Comunicação; Oleiro: Senhor das Artes e da Beleza; Grande Mestre: o Senhor da Educação. Usamos esses nomes e amamos essas metáforas, mas não entendemos o verdadeiro senhorio de Cristo em cada uma dessas esferas e vocações.

Jesus em "miniatura"

Hoje, refletimos apenas uma "miniatura" de Jesus. Somos salvos e nos posicionamos do lado de dentro do Reino, convidando outros a serem salvos também. Só que nós não sabemos como passar do saguão de entrada para ir até a enorme e magnífica casa de Deus e não conhecemos os Seus planos para todas as áreas da vida. Desconhecemos o que interessa a Ele na nossa vida política ou o que o Evangelho tem a dizer sobre o desenvolvimento econômico. Não sabemos como manter nossos casamentos. Não temos tempo para atividades "seculares", como as Artes. Consequentemente, amontoamo-nos na entrada da grande mansão de Deus e tentamos nos definir ali, pois a nossa vida tem cada vez menos relação com o mundo lá fora. Será que é por isso que nos concentramos tanto em experiências e sentimentos? Será que, por não entendermos o plano do Senhor para o mundo, nós nos refugiamos dele, em vez de nos engajarmos nele? Se nossas mentes não forem desafiadas e continuarmos fechados, o que acontecerá?

Durante os quase dez anos de elaboração deste livro, por várias vezes, já colori minha Bíblia inteira de acordo com temas: Governo, Educação, Economia, Família, Artes, Comunicação, Ciência e Igreja. Todos os dias, minha mente, espírito e coração explodem em gratidão por quem é Deus e pela riqueza que nos deu em Jesus Cristo. Não me envergonho desse Evangelho, porque ele é relevante para todas as necessidades do Homem e para os problemas que enfrentamos na sociedade atual.

Na Parte II deste livro, espero mostrar o começo dessa grande revelação sobre a natureza e o caráter de Deus em tudo o que Ele fez. Esses conceitos tocam apenas a superfície da Palavra, mas esse é um estudo para uma vida inteira, e eu o convido a se juntar a mim nessa jornada de volta ao Evangelho do Reino e ao Deus de todas as coisas.

Como começamos?

PARTE II

Na Parte II, começaremos a olhar o que a Bíblia nos ensina sobre os vários setores da sociedade e os princípios que devem orientar nosso envolvimento em cada uma dessas áreas. É importante lembrar que esta edição do livro *Template social do Antigo Testamento* é uma introdução aos conceitos. Não é, de forma alguma, um trabalho completo sobre o que a Bíblia tem a dizer sobre cada uma das áreas. Em trabalhos futuros, nós esperamos estudar mais exaustivamente as Escrituras para cada área aqui apresentada.

Assim sendo, ao reorganizarmos nossas ideias para tentarmos pensar como Jesus, é importante repensarmos cuidadosa e metodicamente, esclarecendo conceitos, um após outro, digerindo-os e incorporando-os em nossas vidas, em obediência à Verdade e ao Seu senhorio para, só então, pedir ao Espírito Santo que nos guie ao próximo nível de entendimento. Tenho tentado seguir essa obediência radical na minha própria vida e pensamentos, resistindo à tentação de correr para um monte de conclusões fáceis e prematuras.

Todas as vezes que ensino, as pessoas me pedem para explicar eventos atuais, mas eu simplesmente não estou preparada para fazê-lo. Deus ainda está renovando a minha mente, mantendo meus pensamentos cativos. É um processo longo e a coisa mais destrutiva que podemos fazer é correr na frente d'Ele, pensando saber mais que aquilo que a Palavra de Deus diz. Senhor, ajude-nos em nossas tentações!

Por isso, nesta parte do livro, iremos olhar o que os exemplos da Bíblia, principalmente em Deuteronômio, ensinam-nos sobre cada uma das áreas da sociedade e observaremos também como localizar esses princípios pelo restante das Escrituras. Existem vários deles, em vários níveis diferentes, mas olharemos somente alguns. O ponto principal é começarmos a mudar a maneira como lemos e pensamos sobre a Palavra para um modo que nos leve em direção a uma visão integral de Deus e da vida. Para tanto, usaremos o livro de Deuteronômio como base para a maior parte dessa introdução. Os acadêmicos judeus o aceitam como o fundamento daquilo que Moisés ensinou em tudo o que escreveu. Todo o conhecimento futuro, incluindo de Jesus e de Paulo, refere-se a Moisés e aos seus ensinamentos como sendo o alicerce da cosmovisão bíblica.

Cada área estudada vai revelar atributos da natureza e do caráter divino, revelando as verdades sobre o Seu Reino e sobre como ele funciona. Ao estudarmos sobre elas, estamos estudando sobre o próprio Deus. Não somente sobre o que Ele faz, mas quem Ele é! É essencial mantermos esse como sendo o nosso foco e a nossa paixão. Por outro lado, se nós tivermos a estratégia e a ação como nossa motivação principal, perderemos a essência da mensagem. Afinal, o Seu objetivo central não é conseguir nos fazer cumprir uma tarefa para Ele, mesmo se for algo importante, como alcançar e discipular as nações, mas Seu essencial desejo é se revelar a nós. Ele quer que nós O conheçamos!

Sinto-me muito honrada com esse convite. Minha mente se torna humilde diante d'Ele. Que Deus é esse que se importa tanto comigo e com você que deseja conhecer e ser conhecido com tanta intimidade? Essa prioridade de conhecê-lO deve suplantar qualquer outra motivação, até mesmo a busca por um Evangelho relevante às questões do século XXI.

Não somos o centro desse processo. Ele é!

Com frequência, deduzimos que o povo não tem a experiência, a educação e a compreensão de assuntos importantes para que possam fazer a escolha certa [...], porém, Deus começou o processo de discipular Israel em sua nova condição de liberdade dando a eles a responsabilidade de escolher quem iria liderá-los.

CAPÍTULO 6
Governo

[...] e o governo está sobre os seus ombros [...] (Isaías 9.6)

É por isso também que vocês pagam imposto, pois as autoridades estão a serviço de Deus, sempre dedicadas a esse trabalho. (Romanos 13.6)

Por mais de uma geração, a maioria dos cristãos tem visto o Governo como um centro de "egomaníacos" fantasiados de terno e gravata. Já ouvi proeminentes homens de Deus dizerem que não veem como um cristão pode se envolver em política sem comprometer sua fé. Esse pensamento chega a ser tão extremo em algumas partes do mundo em que o voto não é obrigatório, que algumas igrejas ensinam seus membros a não votar, pois essa é uma atividade "secular". Esse é um exemplo profundo do pensamento que divide secular e sagrado.

Na primeira vez em que os negros da Namíbia tiveram o direito de votar, eles elegeram um governo comunista[1] – um golpe pesado para um país em que mais de 85% da população se diz cristã.[2] Porém, houve um raio de esperança quando o recém-instituído Governo convidou líderes de igrejas de todo o País para enviarem representantes que pudessem ensinar-lhes sobre princípios bíblicos de governo. Que privilégio! No entanto, ninguém respondeu! Na África do Sul, o partido na liderança hoje se declara 70% cristão. Eles

---

[1] N.T.: Landa Cope se refere à falta de liberdade e controle totalitário do Governo que o sistema comunista da Namíbia propunha e, ainda assim, foi eleito.
[2] JOHNSTONE, P.; MANDYK, J. **Intercessão mundial**: edição Século XXI. Camanducaia: Horizontes América Latina, 2005.

foram eleitos com 65% dos votos.³ Contudo, agora, lutam para se manter no poder, em parte, dizem eles, porque a teologia de algumas igrejas tem produzido entre os cristãos uma cultura não participativa quanto aos assuntos sociais, políticos e econômicos. Fui informada por oficiais do Governo norte-americano de que bem menos de 50% dos cidadãos votam e, ainda mais chocante que isso, apenas 25% dos cristãos norte-americanos votam.

Mas tudo isso está longe do respeito que Paulo conferiu àqueles que procuram trabalhar no Governo (cf. Romanos 13.6). Jesus também entendia e ensinava que o Governo tinha uma função no Reino de Seu Pai. Ele foi discipulado por meio do Antigo Testamento e discipulava com ele. O Nazareno entendia que Ele era o Rei dos reis e que Sua mensagem era de salvação e de justiça política.

O Rei dos reis

Quando estudamos sobre Governo na Bíblia, estamos olhando as funções legislativas, executivas, judiciárias e militares. Estamos estudando sobre leis, autoridades locais e nacionais, relações entre países, regras de guerra e áreas de desenvolvimento comunitário, relacionadas à governança, bem como as funções e ações de juízes, reis e aqueles que lhes prestam serviços em funções oficiais. Livros, como Josué, Juízes, 1 e 2 Samuel, 1 e 2 Reis, 1 e 2 Crônicas relatam eventos na área política que se desenvolvem em Israel. Eles documentam o que os seus líderes fizeram, como eles afetaram a nação e o que Deus pensou desses eventos. Já Neemias, Ester e Daniel nos relatam as histórias de pessoas que procuraram servir com fidelidade ao Senhor na Política. Curiosamente, tanto Neemias quanto Ester e Daniel estavam

---

³ N.E.: Refere-se ao Congresso Nacional Africano (CNA), partido social democrata fundado em 1940 com o intuito de defender maiores liberdades civis e combater a segregação racial. É responsável por conquistar a maioria dos votos parlamentares, impulsionando líderes à chefia de Estado desde 1994. Sua popularidade é dada, principalmente, pelo legado de Nelson Mandela, primeiro presidente eleito ao fim do Apartheid, e por ter uma quantidade significativa de filiados cristãos em um país cuja maioria da população é cristã. Mais informações disponíveis em *https://www.dw.com/pt-002/congresso-nacional-africano-anc/t-36853558*. Acesso em março de 2021.

sob a autoridade de chefes políticos de reinos pagãos e idólatras. Nos dias de hoje, alguns cristãos acreditam que devemos servir apenas aos membros íntegros do Governo, mas as Escrituras não respaldam isso.

Salmos, Provérbios, Eclesiastes e Cantares foram escritos principalmente, e quase que em sua totalidade, por dois reis, Davi e Salomão. Cada um desses livros nos ensina muito além de princípios de Governo e foram escritos de acordo com a perspectiva de líderes políticos, ao contrário de Isaías, ou Jeremias e outros livros, cujos autores eram profetas.

Em meu estudo de Deuteronômio, vi que por volta de 25% do livro diz respeito às instruções e aos episódios envolvendo assuntos do Governo. A passagem que usaremos como exemplo de estudo dessa área é o primeiro capítulo, dos versos 9 ao 18. Moisés estava tentando se colocar sozinho como juiz sobre as disputas de toda a população israelita. Porém, seu sogro lhe sugere que isso não funcionaria e que ele teria de incluir diferentes níveis de governo para ajudá-lo a carregar o peso de tomar as decisões sobre as necessidades jurídicas da nação. Moisés, então, forma o primeiro sistema de Governo de Israel. Aqui, segue o relato:

> Naquela ocasião eu lhes disse: "Não posso levá-los sozinho. O Senhor, o seu Deus, os fez multiplicar de tal modo que hoje vocês são tão numerosos quanto as estrelas do céu. Que o Senhor, o Deus dos seus antepassados, os multiplique mil vezes mais e os abençoe, conforme lhes prometeu! Mas como poderei levar sozinho os seus problemas, as suas cargas e as suas disputas? Escolham homens sábios, criteriosos e experientes de cada uma de suas tribos, e eu os colocarei como chefes de vocês". Vocês me disseram que essa era uma boa proposta. Então convoquei os chefes das tribos, homens sábios e experientes, e os designei como chefes de mil, de cem, de cinquenta e de dez, além de oficiais para cada tribo. Naquela ocasião ordenei aos juízes de vocês: "Atendam as questões de seus irmãos e julguem com justiça, não só as questões entre os seus compatriotas como também entre um israelita e um estrangeiro. Não sejam parciais no julgamento! Atendam tanto o pequeno como o grande. Não se deixem intimidar por ninguém, pois o veredicto pertence a Deus. Tragam-me os casos mais difíceis e eu os ouvirei. Naquela ocasião eu lhes ordenei tudo o que deveriam fazer". (Deuteronômio 1.9-18)

Para o nosso propósito, que é o de aprender a ler e estudar a Bíblia, extraindo dela os princípios divinos para cada área da sociedade, iremos nos limitar aos pontos principais do texto. Lembre-se de que as verdades bíblicas são mostradas, em essência, na forma de histórias. Estudamos a história e o contexto, mas jamais estaremos nas mesmas circunstâncias de Moisés e de Israel. Assim sendo, as aplicações diretas não irão necessariamente funcionar para nós. No entanto, os preceitos são as verdades de Deus e são aplicáveis através de novas e dinâmicas maneiras, em qualquer época, circunstância e nação. Vamos trabalhar nessa passagem como um exemplo da extração de princípios de uma situação histórica.

A finalidade do Governo

> Naquela ocasião eu lhes disse: "Não posso levá-los sozinho. O Senhor, o seu Deus, os fez multiplicar de tal modo que hoje vocês são tão numerosos quanto as estrelas do céu. Que o Senhor, o Deus dos seus antepassados, os multiplique mil vezes mais e os abençoe, conforme lhes prometeu! Mas como poderei levar sozinho os seus problemas, as suas cargas e as suas disputas?". (Deuteronômio 1.9-12)

Enquanto se preparava para estruturar o primeiro governo formal de Israel, Moisés explicou ao povo qual era o propósito daquilo e porque ele não poderia ser o único governante. Até então, ele havia carregado sozinho o peso da liderança, mas esse sistema não estava mais cumprindo o objetivo do Governo. Qual era esse objetivo? Moisés via como sua a responsabilidade de ouvir os problemas e disputas do povo a fim de trazer resoluções. Ele não argumentou que as disputas não eram importantes ou que não deveria haver disputas, pois não as via como questões insignificantes ou como perda de tempo. Pelo contrário, ele confirmou que elas deveriam ser ouvidas e tratadas, mas Israel havia crescido tanto quando estava no Egito, que o sistema tribal de governá-los já não funcionava mais. Eles precisavam de uma forma mais eficaz para atender às necessidades jurídicas das pessoas.

Um dos princípios fundamentais encontrados nessa passagem é o de que a finalidade principal do Governo é servir à população de uma nação, proporcionando uma fonte confiável e objetiva de arbitragem e justiça. O sistema de Governo foi organizado de tal forma, que podia atender às necessidades das pessoas, tanto ao pequeno como ao grande (cf. versículo 17). Deus viu que o sistema em vigor não as satisfazia mais. Ele, então, inspirou Moisés a criar uma estrutura governamental que poderia atendê-las.

A autoridade do Governo

> Escolham homens sábios, criteriosos e experientes de cada uma de suas tribos, e eu os colocarei como chefes de vocês. (Deuteronômio 1.13)

Esse é um dos versículos mais sensacionais sobre o assunto. Pense nisso: essa nação tinha vivido em exílio por 430 anos (cf. Êxodo 12.40). Por mais de um século, eles haviam sido escravos sob total domínio dos egípcios.[4] Assim, a experiência que possuíam de liderança anterior a esses anos no Egito era a de governar uma família extensa de setenta pessoas, não uma nação. Podemos deduzir que, em sua maioria, os hebreus eram pessoas sem estudo. Eles viveram em pobreza e, certamente, não havia motivo para que os egípcios usassem o seu orçamento nacional para educar os seus escravos. Agora, eles ainda se encontravam no deserto, exilados numa "terra de ninguém", sem possuir bens tangíveis, a não ser o que conseguiram carregar nas costas.

Moisés era um homem de Deus, que falava com Ele face a face. O Senhor estava dando a ele instruções detalhadas sobre como guiar Israel em direção à liberdade. Ele havia dado uma tremenda autoridade a Moisés ao cumprir tudo o que falou por intermédio dele. Se existiu alguém que teve uma linha direta de comunicação com Deus, esse alguém foi Moisés. Quando ele formou o governo de Israel, quais foram as instruções que o Senhor lhe dera?

---

[4] N.E.: Esse período leva em conta o tempo decorrido entre a chegada da família de José ao Egito, que morreu com 110 anos (cf. Gênesis 50.26), e o início da opressão egípcia (cf. Êxodo 1.8-11).

O verso 13 do primeiro capítulo de Deuteronômio diz: "Escolham homens sábios, criteriosos e experientes [...]". A quem foi dado o privilégio de escolher os líderes? Moisés? Arão e Miriam? Não, ao povo de Israel. A primeira coisa que Deus fez através de Moisés ao estabelecer um Governo, dando ao povo o direito e a autoridade de escolher.

Que Deus maravilhoso! Com todo o Seu infinito conhecimento e sabedoria, Ele não impôs a Sua vontade. Ele poderia ter dito a Moisés: "Escolha alguns homens sábios e experientes e os coloque sobre Israel". Esse teria sido o modelo mais próximo ao que tinham presenciado no Egito, teria sido o sistema mais parecido com o das nações tribais que existiam ao seu redor. Mas Deus fez algo tão radical, tão perigoso, tão fora deste mundo, que ainda hoje lutamos para abraçar esse preceito. Ele deu ao povo de Israel o direito de escolher os seus líderes políticos.

Então, podemos dizer que um segundo princípio de Governo é que Deus dá a autoridade dessa esfera ao povo. O Senhor decretou por lei e delegou ao povo o direito e a responsabilidade de escolher quem iria governá-los. Ele instituiu uma linha de autoridade de baixo para cima em oposição à linha de autoridade dos faraós egípcios. Ele deu poder ao povo.

Muitas pessoas, hoje, dentro e fora dos círculos cristãos, acreditam que o importante é dizer ao povo o que fazer. Com frequência, deduzimos que o povo não tem a experiência, a educação e a compreensão de assuntos importantes para que possam fazer a escolha certa. Com certeza, seria melhor iniciá-los gradualmente e educá-los no processo da responsabilidade. Porém, Deus começou o processo de discipular Israel em sua nova condição de liberdade, dando a eles a responsabilidade de escolher quem iria liderá-los.

A história de Israel sustenta esse princípio: eles foram governados por juízes durante 470 anos, porém, o povo, que observava as nações que existiam à sua volta, viu que elas possuíam reis e gostou da ideia! Israel teve bons juízes, mas alguns foram verdadeiros fracassos. O maior deles certamente foi o famoso Sansão. Decidiram, por fim, que queriam um rei e foram falar com Samuel, o profeta da nação (cf. 1 Samuel 8). Samuel buscou a Deus e Ele lhe deu uma resposta bem clara: não queria que Israel tivesse um rei, e lhes deu uma vasta lista de razões, mas o povo persistiu. Então, o Senhor cedeu e disse a Samuel que eles poderiam escolher o que queriam. Pense nisso: Deus lhes deu um rei que Ele não queria porque fora isso o que eles escolheram. Um rei não seria a melhor escolha, mas era isso que eles, como nação, haviam decidido. Até porque, o Senhor havia dado ao povo a autoridade de escolher seus líderes políticos. Mesmo depois de ter revelado a Sua preferência de forma clara, Ele se manteve fiel ao preceito. Israel decidira ter um rei. Deus, então, ajudou-os a escolher um rei. Perceba: além de se manter fiel ao princípio, Ele também abençoou os reis que Israel escolheu. Saul, Davi e Salomão foram todos usados poderosamente pelo Altíssimo, mas ainda representavam o sistema de Governo que Ele não queria.

Talvez você esteja pensando: "Mas, não foram, na verdade, os profetas que escolheram os reis?". Acompanhe comigo este processo fascinante: sim, Deus usou os profetas para indicar o líder que Ele achava que iria servir melhor aos interesses de Israel. Conforme a Sua direção, os profetas ungiam esses líderes, oravam e profetizavam sobre eles (cf. 1 Samuel 10.1; 1 Samuel 16.13; 1 Reis 1.34). Porém, não encontramos nenhum rei em Israel que tenha sido coroado sem o consentimento da população (cf. 1 Samuel 10.24; 2 Samuel 2.4; 2 Samuel 5.1-3; 1 Reis 1.39-40). Depois de o povo fazer a sua escolha, só então o rei teria a sua autoridade reconhecida.

Esse princípio da autoridade do povo para escolher seus líderes políticos é testado na vida de Davi. Quando Saul morre, o reino de Israel fica dividido com relação a quem deveria ser o próximo rei. A Casa de Judá tinha escolhido Davi, rival de Saul, que já havia sido ungido para se tornar rei sobre Israel pelo profeta Samuel, mas Saul tinha um filho, Is-Bosete, e o restante de Israel o escolhera como rei. Entretanto, dois líderes dos grupos de ataque de Is-Bosete decidiram que Davi deveria tanto ser o rei de Israel como o de Judá. Eles assassinaram Is-Bosete e levaram sua cabeça a Davi que, em vez de aceitar o convite para ser rei, ordena que esses sejam executados pelo assassinato que cometeram (cf. 2 Samuel 4). Ele permaneceu em Hebrom, até que todas as tribos de Israel viessem a ele e pedissem que ele fosse rei (cf. 2 Samuel 5.1-5), porque ele tinha estudado os livros de Moisés e entendia que o Senhor tinha dado ao povo a autoridade da escolha dos líderes políticos.

Devemos nos perguntar: qual o motivo de Deus ter estabelecido um sistema de Governo em que a autoridade fosse do povo? Não seria melhor para o povo se um Deus amoroso e bondoso lhes dissesse o que é melhor para eles? Evidentemente, não. Esse é um assunto muito complexo para ser abordado por completo nesta edição introdutória. No entanto, parece que o discipulado de uma nação, assim como de um indivíduo, é vinculado ao processo de aprendizagem de causa e efeito ao se experimentar as bênçãos ou maldições que derivam automaticamente das nossas escolhas. Em outras palavras, o Senhor considerava que era mais importante para Israel aprender a fazer suas próprias escolhas, mesmo que elas não fossem perfeitas e eles tivessem de aprender com as consequências. Pensar assim tem grandes implicações, mas vamos abordar isso em um estudo futuro.

Caráter é importante

> Escolham homens sábios, criteriosos e experientes [...] (Deuteronômio 1.13)

Deus não deixou a nação de Israel solta no vácuo para fazer suas escolhas de liderança. Ele lhes deu diretrizes. Algumas delas focalizavam o caráter, a sabedoria e a reputação do líder. Um amigo nigeriano uma vez me disse que uma das grandes diferenças entre um ocidental e um africano é o critério usado ao julgar a importância de um indivíduo. Um ocidental, dizia ele, está mais inclinado a avaliar um indivíduo pelo que ele possui, pelo que faz ou pela sua profissão. Por outro lado, um africano tira suas conclusões sobre um indivíduo com base no que as outras pessoas pensam dele. Em outras palavras, você terá prestígio dentro da tribo se a comunidade lhe der prestígio, não por causa de algo externo, como posses ou tipo de trabalho. A abordagem africana é mais relacional e ligada ao caráter e às ações do indivíduo dentro do contexto de uma comunidade. Com relação aos líderes políticos, o Senhor, ao que parece, inclina-se em direção à perspectiva africana. O povo era responsável por avaliar o caráter dos líderes aos quais iria conferir poder político, e então viver com as consequências dessas escolhas.

Moisés deu a Israel três características para buscar em seus líderes: sabedoria, entendimento e respeitabilidade.[5] Dinheiro e poder não são mencionados como critério, apesar de não serem fatores de desqualificação. Para que esses atributos de caráter fossem avaliados, os líderes tinham de ser conhecidos pelo povo e este determinaria o que sábio e experiente significavam. O que faz um indivíduo ser respeitado? Como a sabedoria é demonstrada? O que significava ser compreensivo? Como comunidade, eles não tinham somente de buscar um indivíduo que possuísse essas qualidades, mas também o entendimento sobre a natureza dessas qualidades. Eles iriam, por assim dizer, entrar em um debate nacional sobre caráter. Deus não só estava lhes dando um governo, mas estava lhes desenvolvendo como cidadãos.

Representantes do povo

> [...] de cada uma de suas tribos [...] (Deuteronômio 1.13)

Desde o momento em que Israel saiu do Egito, Deus começou a enfatizar a importância da inclusão de todos nos processos políticos e judiciais. Ele dizia que Israel deveria se lembrar de quando eram escravos sem direito algum. Repetidamente, Ele lhes advertia a não ter um padrão de justiça para os israelitas e outro para os estrangeiros. Eles não deveriam deixar nenhuma tribo sem representação na sua nova terra e no Governo. A representação política é um princípio bíblico. E se a finalidade do Governo é realmente representar o povo nos julgamentos de suas disputas e assuntos de justiça, se a autoridade do Governo de fato vem do povo, então ele tem de ser representado em todos os aspectos.

---

[5] N.T.: Na tradução americana da Bíblia NVI, a palavra usada para "experiente" é *understanding*. Na língua portuguesa, ela equivale ao termo "compreensivo".

GOVERNO

O grande erro do governo sul-africano no Século XX foi que uma tribo branca se deu ao direito de governar todas as outras tribos. O direito de votar foi concedido somente às tribos brancas. As tribos negras foram deixadas sem representação.[6] Sabendo que Deus não pode abençoar um sistema cujos governantes privam o povo de seus direitos, não é de se admirar que esse governo da África do Sul não obtivesse uma estabilidade duradoura. A princípio, estava destinado à falência, mas uma compreensão mais detalhada aqui também vai nos levar a uma grande admiração pela liderança de Nelson Mandela e pelo compromisso que ele teve de não formar um governo, a não ser que todas as tribos negras e brancas estivessem representadas. A luta por esse princípio protegeu a África do Sul e conteve uma Guerra Civil.[7] Quando olhamos para outros exemplos, como a situação dos aborígenes na Austrália, dos lapões na Finlândia, e dos índios nativos americanos, vemos que eles estavam carregados de potencial para conflitos, porque o preceito da representação foi enfraquecido, ou completamente ignorado.[8]

Consenso

Vocês me disseram que essa era uma boa proposta. (Deuteronômio 1.14)

A autoridade do povo é reforçada mais uma vez. Nessa curta sentença, Moisés constata que seu plano tinha o apoio da nação. Israel concordou em ser governada daquela maneira.

A nação de Israel nem sempre concordou com Moisés. Na sua primeira tentativa de levá-los para a Terra Prometida, descrentes e com medo, eles disseram que não iriam. Eles protagonizaram o que poderíamos chamar,

---

[6] N.E.: A autora usa como exemplo o *Apartheid*, política sul-africana separatista que vetava o direito ao voto e à posse de terras aos negros, além da proibição de união matrimonial entre pessoas de raças diferentes. Esse regime racista foi implantado em 1948, e teve seu fim em 1994.

[7] **1990: Libertação de Nelson Mandela**. Publicado por *Deutsche Welle* em 11 de fevereiro de 2020. Disponível em *https://www.dw.com/pt-br/1990-liberta%C3%A7%C3%A3o-de-nelson-mandela/a-438304*. Acesso em fevereiro de 2021.

[8] N.E.: Landa cita diferentes povos colonos para relacionar a falta de representatividade e privação de direitos civis à violência e desordem social.

hoje, de golpe militar. Os homens com idade para guerrear se recusaram a aceitar o desafio da Terra Prometida, apesar das exortações de Moisés, Josué e Calebe (cf. Números 14.6-10). Deus estava pronto para que eles fossem para lá; Moisés estava pronto para que eles se movessem, mas o povo não concordou. O governo não tinha o consenso e não podia seguir adiante. Israel sofreu as consequências de sua escolha, passando 40 anos no deserto. Mais tarde, no relato sobre a escolha de Davi como rei sobre Israel, a Casa de Judá e a Casa de Saul não chegaram a um consenso. Davi não contestou a vontade do povo, em vez disso, esperou (cf. 2 Samuel 5.1-3).

Esse princípio do consenso é tão importante que, no Novo Testamento, Jesus se refere a ele como um fundamento do Reino de Deus: "[...] Todo reino dividido contra si mesmo será arruinado [...]" (Mateus 12.25). O princípio é este: uma nação que tenha consenso possui um Governo mais estável. Uma nação sem consenso é enfraquecida. Portanto, um Governo que tenta impor suas decisões sobre o povo, com o passar do tempo, será menos estável do que aquele que administra usando o consenso. Certamente, os assuntos que estavam sendo discutidos também eram importantes, mas esse não é nosso tema aqui. O consenso por si mesmo é claramente um princípio importante encontrado nas Escrituras e é um dos alicerces para um Governo forte. Isso nos dá um entendimento maior quando vemos nações em crise ou com problemas nacionais. A Irlanda e a África do Sul estiveram por um bom tempo nas primeiras páginas da imprensa mundial, aparecendo em grande desordem.[9] No livro *Como os irlandeses salvaram a civilização*[10], Thomas Cahill revela que os irlandeses nunca conseguiram chegar a um acordo sobre quem os governava. Durante os mais de oito mil anos da história da Irlanda, seus reis e suas

---

[9] N.E.: Episódios de conflito como *The Troubles* e *Apartheid*, que ocorreram respectivamente na Irlanda e na África do Sul, tiveram fim na década de 1990. No entanto, esses acontecimentos geraram marcas de extrema sensibilidade política, diplomática e de segurança que são sentidas até hoje. Informações disponíveis em *https://www.bbc.com/portuguese/internacional-50091640*. Acesso em janeiro de 2021.

[10] CAHILL, Thomas. **Como os irlandeses salvaram a civilização**. Rio de Janeiro: Objetiva, 1999.

tribos têm estado em guerra. O fracasso de algumas tentativas de colocarem no governo um rei irlandês os levou a procurar monarcas franceses, escoceses e, finalmente, ingleses para governá-los. Isso levou a Irlanda a viver, durante séculos, num tumulto social. À luz dessa história, o acordo assinado pelos irlandeses nos anos 1990 se torna ainda mais significativo.[11] Pela primeira vez em sua longa história, os irlandeses perceberam que acordo e consenso são essenciais para uma nação que deseja se autogovernar. Nesse sentido, Deus tem discipulado a Irlanda.

Quando vemos, hoje em dia, situações como em Timor-Leste, da região da ex-Iugoslávia ou dos países pertencentes à ex-União Soviética[12], observamos o fruto de um governo imposto sobre o povo com pouco ou com nenhum envolvimento do próprio povo; e pior ainda se falarmos em qualquer nível de consenso.

O setor jurídico

> Naquela ocasião ordenei aos juízes de vocês: "Atendam as questões de seus irmãos e julguem com justiça, não só as questões entre os seus compatriotas como também entre um israelita e um estrangeiro. Não sejam parciais no julgamento! Atendam tanto o pequeno como o grande. Não se deixem intimidar por ninguém, pois o veredicto pertence a Deus. Tragam-me os casos mais difíceis e eu os ouvirei. Naquela ocasião eu lhes ordenei tudo o que deveriam fazer". (Deuteronômio 1.16-18)

Agora, Moisés volta sua atenção às funções jurídicas do Governo e começa a dar instruções para aqueles que iriam ouvir as disputas do povo. Esses versículos trazem princípios tão fortes de justiça, que todos os tribunais justos do mundo os utilizam; e todos os tribunais na Terra seriam mais justos hoje se esses preceitos fossem implementados por completo.

---

[11] N.E.: Trata-se do Acordo de Belfast, também conhecido como Acordo da Sexta-feira Santa, que promoveu uma trégua entre os governos britânico e irlandês, assegurando os direitos e deveres da Irlanda e da Irlanda do Norte, que é anexada ao Reino Unido.

[12] N.E.: A autora faz alusão aos regimes totalitários vigentes durante a segunda metade do século XX nessas regiões.

Primeiro, o versículo 16 exorta os juízes de Israel a julgarem justamente. Moisés continua e define de maneira bem específica: oferecer a mesma qualidade de justiça para qualquer pessoa, seja ela um israelita ou um estrangeiro. Esse é um tema importante para Deus no discipulado de Israel. Vez após vez, em sua história bíblica, o Senhor lembra ao povo de como foi o tempo de escravidão quando estavam sob o domínio do Egito, do que era ser um estrangeiro e ser tratado injustamente, e de como era ruim não ter acesso ao sistema jurídico da nação onde viviam. Ele usava essa trágica parte da História deles para chamá-los a um nível mais elevado de justiça para sua própria nação. A justiça em Israel deveria ser cega quanto à nacionalidade, cor, sexo, crença ou política. Ela teria de nivelar a todos e deveria ser um lugar de direitos iguais que tratasse todas as pessoas com igualdade.

No versículo 17, o sistema jurídico de Israel foi exortado a julgar imparcialmente, e aqui uma segunda distinção é dada: seu sistema de julgamento não deveria fazer distinção entre "pequenos e grandes". A justiça em Israel não deveria pender em direção aos poderosos, influentes ou aos ricos. Todas as pessoas deveriam ser ouvidas. O escravo não tinha voz no Egito, mas Deus orientou Israel a demonstrar um nível superior de justiça humana.

Moisés os lembrou de que a justiça pertence ao Senhor. Como juízes, eles não tinham medo de outras pessoas, autoridades ou influências. Eles deveriam se lembrar de que, como agentes governamentais de justiça, eram responsáveis, primeiramente, diante de Deus. E Ele sabia que a raça humana era falha e propensa ao pecado, e que os hebreus, sendo humanos, estariam tão propensos à corrupção bem como qualquer outro grupo de pessoas ou nação. Ele estava desafiando o povo a criar um sistema de governo que superasse isso. Moisés apresentou o último princípio do sistema jurídico nessa passagem. Tem de existir um processo de apelação judicial. O sistema teria de permitir outra audiência — dessa vez, perante Moisés — para casos muito difíceis de chegar a um veredito, ou quando as provas e as evidências fossem inconclusivas.

Há alguns anos, tive o privilégio de ser chamada para falar em uma conferência em que o Chefe de Estado se sentou exatamente na minha frente. Esse homem era um líder político cristão em uma nação pagã. Seu desejo era usar sua posição para influenciar seu país para retidão, evangelizando-a. Quando perguntei sobre o sistema jurídico, descobri que ele contratava e demitia os juízes em todo o seu território nacional conforme sua preferência. É muito bom o presidente estar preocupado com as almas de seu povo, e digo isso com toda a sinceridade. Mas, ele poderia levar sua nação para mais perto de Deus mudando também o sistema jurídico. Nessa nação, um juiz que se depara com um caso cuja resolução é um pouco menos óbvia, e sabe que pode perder seu emprego, pode favorecer a preferência do presidente, que detém seu cargo nas mãos. Essa é a natureza humana e o Senhor nunca se esquece de que ela é pecaminosa. Ele coloca cada princípio e sistema tendo em mente a nossa índole. Um juiz pode ser corrompido algumas vezes, mas é mais difícil corromper dois juízes em um processo de apelação, e assim por diante. Deus sabe que, sem um sistema de controle e fiscalização, pessoas de natureza pecaminosa irão abusar do poder e corromper a justiça.

Resumo

Demos uma olhada em cinco princípios básicos de Governo provenientes de nove versículos do livro de Deuteronômio:

1. O Governo é uma instituição de Deus e é essencial para a vida de uma nação.
2. É o povo que dá autoridade ao Governo.
3. O caráter de um líder político é importante e deve ser considerado pelo povo em suas escolhas.
4. O Governo deve ser representativo de toda a população.
5. Uma das finalidades principais do Governo é fornecer uma fonte de resoluções justas para as disputas e conflitos da população.

A finalidade principal dessa edição introdutória não é a de ensinar uma abordagem bíblica completa sobre Governo ou qualquer outra área da sociedade. Nosso propósito é revelar como o nosso pensamento cristão dicotômico nos alienou da grande sabedoria dos ensinamentos de Deus para a vida e demonstrar como a Palavra de Deus nos ensina princípios para todas as áreas, como acabamos de ver nesses versículos sobre Governo. Mas para termos a cosmovisão de Cristo com relação a isso, teremos de estudar esse assunto, de Gênesis a Apocalipse, e buscar todos os conselhos divinos sobre ele. Isso exige tempo e paciência. Moisés levou quarenta anos para conseguir estabelecer os ensinamentos do Senhor no deserto. Por isso, precisamos de uma geração de fiéis estudantes da Bíblia para nos ajudar a receber novamente essas verdades. Você é um deles? Então, comece já!

Parafraseando o que é popularmente atribuído ao filósofo Baruch Spinoza, paz não é somente a ausência de conflito, é a presença da justiça. Sendo assim, quando orarmos por paz, devemos também nos lembrar de que Deus nos pede que estejamos envolvidos na luta por justiça.

— Guia de Estudo —

Temas para procurar quando você estiver estudando e colorindo o que as Escrituras dizem sobre governo: **Lei; Governo; Exército; os poderes Legislativo, Executivo e Judiciário; autoridade local e nacional; e desenvolvimento comunitário com uma perspectiva legislativa ou executiva.**

O domínio do Governo revela: **o Rei dos reis.**

O principal atributo de Deus revelado através do Governo: **Justiça.**

Deus governa essa área através de: **delegação de autoridade ao povo.**

GOVERNO

Definindo a missão

Fornecer e assegurar justiça e igualdade para todos os cidadãos, incluindo os serviços Executivo, Judiciário, Militar, a preservação da Lei e da Ordem e serviços de infraestrutura para a comunidade. As grandes questões abrangem: justiça para os fracos e sem voz na sociedade, incluindo crianças, mulheres e imigrantes.

Nota a todos os cristãos

Deus está chamando você para ser um bom cidadão como parte do seu testemunho de fé. Ação e interesse político não são "seculares". O Senhor instituiu o Governo, dando a mim e a você a responsabilidade sobre ele. Deus é justo e deseja ver todo o Seu povo lutando por justiça. Antes de tudo, é nossa responsabilidade diante d'Ele estarmos informados e envolvidos. Você vota? Se você vive em um país em que sua participação é permitida, é sua obrigação moral como cristão se envolver. Se você vive em um país que lhe nega esse direito, você deve orar e trabalhar para ver o sistema jurídico de sua nação transformado. Como cristãos, deveríamos nos voluntariar durante as eleições, ajudando pessoas a se registrarem e fazendo o possível para poderem votar. Devemos ensinar aos nossos filhos que o Senhor nos deu esse grande direito e essa responsabilidade de nos envolvermos na vida pública, e devemos apreciar e guardar esse direito. Como cristãos, devemos acreditar que o nosso envolvimento faz diferença, porque faz diferença para Deus. Devemos ensinar aos nossos filhos que trabalhar no Governo é um chamado especial e que, se Ele os abençoou com dons para essa área, então, poderá chamá-los e favorecê-los, assim como fez com Davi, Daniel, José, Neemias e outros. Se esse for o caso, eles terão um propósito muito maior em suas profissões que apenas ganhar dinheiro. Eles devem saber que estão servindo ao Senhor e devem ter a mente de Cristo, o poder do Espírito Santo e um apoio estratégico de oração para que o trabalho deles conquiste algo de valor duradouro para o Reino.

Você é a estratégia de Deus para discipular a sua comunidade e nação. Como responderá a esse chamado?

Nota aos profissionais do Governo

Se você é um advogado, juiz, oficial da Polícia, funcionário público, soldado, assistente social ou algum representante do povo eleito para um cargo público, ou trabalha no Governo de sua nação em qualquer outra posição, você tem um chamado muito nobre da parte do Senhor. Justiça e retidão são os pilares do Reino, e seu chamado é sustentar esses pilares. Você é desafiado pelas Escrituras a ser uma extensão de Deus para trazer justiça ao povo para o qual você trabalha. Não importa se você, como Salomão, trabalha em um sistema que é justo ou, em parte ou completamente, injusto, como era para José e Daniel. Você tem um chamado divino para lutar pelo nível mais elevado possível de justiça dentro desse sistema. Primeiro, você deve ser justo na sua própria conduta com as pessoas e, então, você deve lutar para fazer com que as instituições, sistemas e leis sejam justos. Como seria uma nação em que todos os profissionais cristãos dessa área fizessem disso sua paixão e seu chamado? O Senhor pode começar com uma pessoa apenas. Você é essa pessoa? Você vai estudar para ter a cosmovisão de Cristo no setor da Política e aplicar o que aprender na sua própria vida, trabalho e nas instituições políticas? Lembre-se de que você é a estratégia de Deus para discipular a sua nação.

O objetivo da Economia, segundo a Bíblia, é incentivar a independência econômica. Juntamente com as bênçãos, o Senhor sempre dá responsabilidades, e isso deve ser sempre um dos objetivos da solução.

CAPÍTULO 7
Economia

> Assim, não deverá haver pobre algum no meio de vocês, pois na terra que o Senhor, o seu Deus, lhes está dando como herança para que dela tomem posse, ele os abençoará ricamente. (Deuteronômio 15.4)

> Pois o Reino dos céus é como um proprietário que saiu de manhã cedo para contratar trabalhadores para a sua vinha. (Mateus 20.1)

"O dinheiro é a raiz de todos os males!"; "O dinheiro do lucro é sujo!". Esses pensamentos são comuns a muitos cristãos de hoje, e frases como: "Se eu amo ao Senhor de verdade, eu provavelmente serei pobre" talvez não sejam ditas, mas, com certeza, são pensadas. Essa dicotomia que cria uma falsa divisão entre o espiritual e o material é muito evidente na área da Economia como em todas as outras. Só que as promessas de Deus para Israel ao deixarem o Egito, não estavam limitadas às bênçãos de natureza invisível. Ele prometeu abençoá-los em todos os aspectos, inclusive em suas colheitas, gados e negócios, afirmando que, se eles obedecessem aos Seus ensinamentos, não veriam pobreza em sua terra. O Senhor cumpriu a Sua promessa. Em um pouco mais de 300 anos, eles deixaram de ser uma nação miseravelmente pobre que perambulava pelo deserto, para ser uma das mais ricas de sua época.

Durante a maior parte dos primeiros dois milênios do crescimento da Igreja, mudanças econômicas e desenvolvimento seguiam a propagação do Evangelho. Na Noruega, Hans Nielsen Hauge, um antigo evangelista, seguia de um a outro vilarejo pobre para implantar igrejas, mas também ensinar práticas bíblicas de negócios e ajudar os novos convertidos a começarem seu próprio empreendimento. Não somente almas foram ganhas na

ECONOMIA

Escandinávia e no resto da Europa ocidental, mas o Evangelho também alimentou uma revolução econômica, desenvolvendo uma riqueza que perdura até hoje nessa região.[1] Moisés também ensinou que Israel não deveria permitir pobreza e que o trabalho faz parte do nosso serviço a Deus, e a Igreja Primitiva começou a lidar com isso logo no início. Paulo reafirmou esses conceitos no Novo Testamento quando disse que cristãos que não trabalhassem não deveriam comer (cf. 2 Tessalonicenses 3.10).

Infelizmente, tudo isso está muito distante dos frutos que o Evangelho tem produzido nos últimos dois séculos. A África nos proporciona o exemplo mais cruel. Em seu livro *Hope for Africa and what the Christian can do* (em português: Esperança para a África e o que o cristão pode fazer), o Dr. George Kinoti, um professor universitário do Quênia, apresenta as seguintes observações cruciais: um em cada três africanos não tem o suficiente para comer. Até 1987, de 55 a 60% dos africanos moradores de áreas rurais estavam vivendo abaixo da linha de pobreza e o índice de empobrecimento estava acelerado. Dois terços das quarenta nações mais pobres do mundo são africanas, assim como oito das dez nações mais pobres. Ele complementa:

> Especialistas nos dizem que o cristianismo está crescendo mais rápido na África que em qualquer outro continente. Ao mesmo tempo, o povo está ficando mais pobre rapidamente e a estrutura moral e social da sociedade está desintegrando depressa. Obviamente, o cristianismo não está fazendo uma diferença significativa nas nações africanas.[2]

Não é difícil encontrar, hoje em dia, cristãos que pensem em dinheiro mais em termos mágicos que em termos de princípios bíblicos: "Se eu ofertar esse valor, vou ganhar de volta! Deus irá enviar provisão do Céu. Estou crendo em um milagre nas minhas finanças".

---

[1] **Hans Nielsen Hauge (1771-1824)**. Publicado por Portal Luteranos em 1 de março de 2010. Disponível em *https://www.luteranos.com.br/textos/hans-nielsen-hauge-1771-1824*. Acesso em fevereiro de 2021.

[2] KINOTI, George. **Hope for Africa and what the Christian can do**. Publicado por African Institute for Scientific Research and Development, Nairóbi, 1994.

Entenda o que estou dizendo aqui. Não sou contra o dízimo. Acredito que Deus pode e faz milagres financeiros, e que Ele honra e abençoa o coração generoso. No entanto, essa maneira de pensar, caso esteja separada dos princípios sobre finanças, contidos nas Escrituras, não é bíblica, é misticismo. Vamos dar uma olhada em Deuteronômio, em um texto-chave dos ensinos de Moisés sobre Economia:

> No final de cada sete anos as dívidas deverão ser canceladas. Isso deverá ser feito da seguinte forma: Todo credor cancelará o empréstimo que fez ao seu próximo. Nenhum israelita exigirá pagamento de seu próximo ou de seu parente, porque foi proclamado o tempo do Senhor para o cancelamento das dívidas. Vocês poderão exigir pagamento do estrangeiro, mas terão que cancelar qualquer dívida de seus irmãos israelitas. Assim, não deverá haver pobre algum no meio de vocês, pois na terra que o Senhor, o seu Deus, lhes está dando como herança para que dela tomem posse, ele os abençoará ricamente, contanto que obedeçam em tudo ao Senhor, ao seu Deus, e colocarem em prática toda esta lei que hoje lhes estou dando. Pois o Senhor, o seu Deus, os abençoará conforme prometeu, e vocês emprestarão a muitas nações, mas de nenhuma tomarão emprestado. Vocês dominarão muitas nações, mas por nenhuma serão dominados. Se houver algum israelita pobre em qualquer das cidades da terra que o Senhor, o seu Deus, lhes está dando, não endureçam o coração, nem fechem a mão para com o seu irmão pobre. Ao contrário, tenham mão aberta e emprestem-lhe liberalmente o que ele precisar. Cuidado! Que nenhum de vocês alimente este pensamento ímpio: "O sétimo ano, o ano do cancelamento das dívidas, está se aproximando, e não quero ajudar o meu irmão pobre". Ele poderá apelar para o Senhor contra você, e você será culpado pelo pecado. Dê-lhe generosamente, e sem relutância no coração; pois, por isso, o Senhor, o seu Deus, o abençoará em todo o seu trabalho e em tudo o que você fizer. (Deuteronômio 15.1-10)

Aqui, Deus deixa claro através das Escrituras que é Seu desejo abençoar todas as nações (cf. Gênesis 12.3; 18.18; 22.18; 26.4; 28.14). E quando nos perguntamos como o Senhor planeja fazer isso, encontramos a resposta na maneira como Ele lidou com Israel. Bênçãos econômicas eram

ECONOMIA

uma parte clara do Seu plano desde o momento em que deixaram o Egito. Nessa passagem, vemos que, mesmo no deserto, Deus já tinha começado a preparar Israel para o desenvolvimento econômico e para a responsabilidade, tanto perante o indivíduo como perante a sociedade.

As dívidas devem ser limitadas

> No final de cada sete anos as dívidas deverão ser canceladas. Isso deverá ser feito da seguinte forma: Todo credor cancelará o empréstimo que fez ao seu próximo. Nenhum israelita exigirá pagamento de seu próximo ou de seu parente, porque foi proclamado o tempo do Senhor para o cancelamento das dívidas. Vocês poderão exigir pagamento do estrangeiro, mas terão que cancelar qualquer dívida de seus irmãos israelitas. (Deuteronômio 15.1-3)

Quando sou convidada a falar em vários países, frequentemente, pergunto ao auditório sobre quantos já ouviram a mensagem que ensina que os cristãos não devem pedir emprestado. Não importa em que região do mundo eu esteja, sempre há alguns que já ouviram essa pregação. A passagem que acompanha esse ensino é: "Não devam nada a ninguém [...]" (Romanos 13.8). Contudo, regras básicas para o estudo bíblico nos ensinam que devemos interpretar uma parte das Escrituras através de outra. Não podemos fazer um único texto significar algo que não faça sentido, em especial quando ele é comparado a outras recomendações em outras referências. Afinal, existem diversas passagens que fornecem instruções sobre como emprestar, como tomar emprestado e orientações para a devolução dos empréstimos. Sendo assim, Romanos 13.8 não quer dizer "não tome emprestado" literalmente. Quer dizer "não negligencie o empréstimo que fez, cumpra com os pagamentos e com o compromisso feito".

Voltando ao texto do Velho Testamento, do primeiro ao terceiro versículo, Moisés dá instruções a Israel para um sistema de pagamento de dívidas. É improvável que qualquer nação hoje vá aplicar esse sistema com ciclos de sete anos novamente. Porém, lembre-se de que a nossa tarefa aqui é extrair o princípio que o resultado da aplicação obteria; uma dívida deve ter limites. Os israelitas não tinham permissão de impor débitos perpétuos a ninguém. O sistema em Israel era universal. Todas as dívidas pessoais eram canceladas no mesmo ano. Sendo assim, se você tivesse tomado um empréstimo no primeiro ano do ciclo, teria sete anos para pagar. Mas se o empréstimo fosse feito no terceiro ano, você teria quatro anos e assim por diante. Quando o emprestador e o devedor entravam em acordo, eles tinham de criar um plano de devolução que encaixasse no ciclo.

Meu próprio país, os Estados Unidos da América, tem alguns dos melhores e dos piores exemplos de obediência a esse princípio. Quando o assunto é a compra da casa própria, o país possui um sistema sensacional. É exigido por lei que a taxa de juros seja uma das mais baixas de empréstimo e que o plano para o pagamento da hipoteca deve ser de quinze ou trinta anos, no máximo. Esse sistema fez com que os Estados Unidos tivessem uma das maiores populações possuidoras de casa própria do mundo. Por outro lado, o sistema de cartão de crédito americano é absurdo. Quando se termina a faculdade e, hoje em dia, até após o ensino médio, você recebe pelo correio dois, três ou até mais cartões de crédito não solicitados. Cada um lhe oferece acesso instantâneo a um crédito de 1.000 a 5.000 dólares. Muitos jovens, e muitos outros não tão jovens assim, utilizam-se deles sem ao menos ler o texto em letras minúsculas que diz que a taxa de juros pode ser de 19 a 26% por ano, ou mais; já vi algumas de até 36%. Se você cair na tentação de fazer apenas o "pequeno pagamento mínimo" exigido, pagará de volta trinta ou quarenta vezes mais em relação à quantia original, com juros sobre juros. No passado, isso seria chamado de agiotagem – e seria considerado ilegal. Atualmente, esse é o padrão para os pagamentos dos cartões em diversos países. Os débitos pessoais dos norte-americanos com cartão de crédito são maiores que a dívida nacional, o que enfraquece a estabilidade econômica da nação.

Ao estudar sobre Finanças nos cinco primeiros livros da Bíblia, percebemos que os empréstimos eram essenciais para permitir que as pessoas saíssem da pobreza, mas o seu foco, eram os pequenos negócios. Na verdade,

ECONOMIA

sua finalidade era tirar esses indivíduos de uma situação de necessidade e torná-los capazes de se sustentarem por conta própria. O objetivo era a capacitação econômica. Por muitas gerações, os judeus continuaram a praticar esses princípios, e hoje, aonde quer que você vá, não importa se o país é pobre ou não, caso haja judeus, eles estarão fazendo dinheiro. Isso não significa que todos sejam ricos, mas mostra que eles sabem como se estabelecer rapidamente e se sustentar. Uma família judia imigra com a compreensão sobre a finalidade de um empréstimo. Então, eles chamam outra família e emprestam o dinheiro para que ela também se estabeleça. Por sua vez, esse dinheiro é devolvido ou passado adiante para ajudar a próxima família. Conforme os ensinos de Moisés, os empréstimos tinham e permanecem com a função de ajudar as pessoas a alcançarem independência financeira e a se tornarem parte produtiva da comunidade. Os empréstimos eram, em primeiro lugar, parte da responsabilidade social e, em segundo lugar, uma forma de ganhar dinheiro.

Conheço a história de um banqueiro cristão que, ao estudar essas passagens, deu-se conta de que o sistema bancário norte-americano não faz empréstimos às pessoas certas. As instituições bancárias americanas tendem a fazer isso somente aos ricos ou àqueles que já possuem dívidas. Só que essas mesmas instituições raramente aceitam fazer um empréstimo a um imigrante, uma mulher ou um desempregado. Não emprestam nem mesmo para um pobre que tenha um plano de começar um negócio, mas que não possua o capital para isso, ainda que ele não tenha débitos. Diante desse cenário, esse homem fundou um banco privado que só fazia empréstimos para pessoas que tivessem uma boa ideia para se tornarem produtivos na comunidade e precisassem do dinheiro para começar. Desde então, o seu banco tem tido um enorme sucesso e não tem clientes inadimplentes. Isso é Economia bíblica.

Agora, vamos dar outra olhada no terceiro versículo de Deuteronômio 15: "Vocês poderão exigir pagamento do estrangeiro, mas terão que cancelar qualquer dívida de seus irmãos israelitas". À primeira vista, pode parecer que Deus não se importa com os estrangeiros tanto quanto se importa com Israel, mas isso não é verdade. Novamente, aqui, o significado aparente não pode estar correto, porque não condiz com muitas outras passagens na Bíblia. Está claro, de Gênesis a Apocalipse, que o Senhor deseja abençoar todas as nações. Esse é um tema tão predominante nas Escrituras que não pode ser contestado. Então, por que Deus não exigiu o perdão dos débitos dos estrangeiros? Vamos lembrar que os judeus tinham de tirar o oitavo ano como o ano sabático: não podiam trabalhar, usar seus animais ou cultivar suas terras. Portanto, não podiam fazer pagamentos. Os gentios, no entanto, não precisavam obedecer a essa lei. A interpretação mais provável da aparente contradição dessa passagem é que os imigrantes não judeus podiam continuar a trabalhar e a fazer pagamentos no ano que seria o do "mercado livre" para eles e que os capacitaria economicamente.

Não deverá haver pobres entre vocês

> Assim, não deverá haver pobre algum no meio de vocês, pois na terra que o Senhor, o seu Deus, lhes está dando como herança para que dela tomem posse, ele os abençoará ricamente, contanto que obedeçam em tudo ao Senhor, ao seu Deus, e colocarem em prática toda esta lei que hoje lhes estou dando. (Deuteronômio 15.4-5)

O quarto versículo traz um segundo princípio: Israel deveria ter um compromisso nacional de eliminar a pobreza. Em outras palavras, bênção financeira traz responsabilidade financeira. Nenhuma passagem das Escrituras indica um limite para a riqueza pessoal ou nacional. Todavia, existem passagens ensinando que a riqueza não deve se tornar uma obsessão, que não devemos colocar nossa confiança nas riquezas e que, se não tomarmos cuidado, isso pode levar nosso coração para longe de outros valores importantes da vida. Por outro lado, a Palavra de Deus também aplaude iniciativas financeiras e o papel da riqueza para abençoar a comunidade. A Bíblia enfatiza que o sistema econômico da comunidade deve ser constantemente direcionado para a eliminação da pobreza. Logo, se alguém fosse pobre, ou destituído em Israel, seria uma vergonha para a comunidade como um todo.

ECONOMIA

Enquanto escrevo este livro, os Estados Unidos da América estão vivendo um dos maiores momentos de crescimento financeiro de toda a sua história. Milionários e bilionários surgem numa proporção monumental. No entanto, o teste da estabilidade financeira de uma nação não é somente o crescimento da riqueza, mas também a atividade na parte mais baixa da escala econômica. Os pobres estão aumentando ou diminuindo? Os Estados Unidos possuem mais bilionários e, ao mesmo tempo, um número crescente de pessoas que vivem abaixo da linha de pobreza. O problema não é a riqueza em si, e sim sua obtenção irresponsável. A Economia bíblica não é comunista, ensinando que tudo deva ser dividido em partes iguais com todos. Contudo, também não aprova a negligência para com os pobres e desfavorecidos. Pelo contrário, as Escrituras promovem a ideia de que um ambiente economicamente sólido será construído, em grande parte, com a capacitação e o crescimento daqueles que constituem a camada mais baixa da pirâmide social. Dessa forma, eles também contribuirão com a qualidade de vida da nação.

As Escrituras parecem enfatizar a responsabilidade da comunidade financeira com relação aos pobres, mais que em qualquer outra área. Fazendeiros tinham de reservar partes de suas terras para que os pobres pudessem recolher as sobras de suas colheitas. Os administradores eram encorajados a arrumar trabalho para os menos privilegiados da comunidade. Já o Governo raramente é mencionado com relação à sua responsabilidade quanto aos pobres. Por fim, a Igreja era responsável pelos desamparados. Essas são distinções muito importantes que devemos observar aqui.

Assistência X desenvolvimento

Cristãos e instituições humanitárias têm promovido durante séculos a obrigação das nações ricas de ajudar os povos necessitados. Esse conceito não é de todo ruim e parece ter forte respaldo bíblico. Porém, sua aplicação em uma comunidade local ou em uma nação acaba sendo apenas assistencialismo imediato. Indivíduos também fazem pessoalmente suas doações com a ideia de que, se aqueles que têm derem parte de suas posses para quem não tem, o problema da pobreza será solucionado. A princípio, parece lógico. Na prática, entretanto, o efeito é devastador e contraproducente. Na realidade, isso gera mais pobreza. A ideia central não é bíblica.

Em contrapartida, a Bíblia enfatiza a oportunidade, ao contrário do assistencialismo. O socorro é reservado àqueles que se encontram numa situação em que, absolutamente, não possuem forma alguma de prover para eles mesmos e até morreriam se não recebessem auxílio. Sem dúvidas, Israel estava nessas condições no deserto – e Deus proveu para os israelitas. No entanto, é interessante observar que, no dia em que pisaram a Terra Prometida, o auxílio cessou. No dia em que tiveram condições de suprir suas próprias necessidades, o Senhor encerrou o maná. Eles não possuíam dinheiro algum quando o alimento foi cortado, mas, agora, havia a oportunidade de proverem para si mesmos. A capacitação, ou o empoderamento, é um dos principais temas da Economia nas Escrituras.

Em tudo o que Deus fez com Israel, Ele estava desenvolvendo não somente as suas circunstâncias externas, mas também sua visão sobre eles mesmos e sobre o Seu caráter. Ele queria que se tornassem autoconfiantes, não dependentes. Ele queria que eles enxergassem o que eram capazes de fazer, criar e construir. O Senhor estava trabalhando para o desenvolvimento de suas Finanças, assim como de sua autoimagem e caráter. A essência do discipulado é o desenvolvimento do homem interior e, quer Deus esteja estabelecendo um Governo ou uma Economia, Ele estará trabalhando nas pessoas, em como elas se enxergam e pensam. Isso nos leva ao próximo princípio.

Dívida nacional zero

> Pois o Senhor, o seu Deus, os abençoará conforme prometeu, e vocês emprestarão a muitas nações, mas de nenhuma tomarão emprestado. Vocês dominarão muitas nações, mas por nenhuma serão dominados. (Deuteronômio 15.6)

Foi ordenado a Israel que não se tornasse uma nação devedora. Para tanto, eles tinham de adotar a política de dívida nacional zero. Para compreendermos o raciocínio de Deus aqui, devemos perguntar o que essa política produziria na comunidade. Primeiramente, eles teriam de aprender a viver com os recursos que possuíam. Seus desejos teriam de dar prioridade às suas necessidades. Em segundo lugar, teriam de se autoavaliar como nação e buscar o que eram capazes de fazer, construir e descobrir. Em outras palavras, eles estavam sendo estimulados a se tornarem independentes.

Na Índia do século XX, Indira Gandhi[3] criou medidas de abertura econômica. A ideia básica era colocar uma moratória sobre os impostos, forçando a nação a aprender a produzir as coisas que desejassem. Se a Índia quisesse carros, máquinas de lavar, aparelhos de videocassete, televisões, entre outras coisas, então teria de aprender a fabricá-los. Os primeiros carros, videocassetes e outros bens de consumo não funcionaram muito bem. Porém, eles continuaram a progredir. Lentamente, a Índia diminuiu o desequilíbrio comercial que existia, aumentou o número de empregos e desenvolveu um grande sentimento de orgulho nacional por sua capacidade de produzir e prover para si mesma. Eles fugiram da dependência em direção à independência. Ou seja, Deus capacitou todas as pessoas e todas as nações, e parte do Seu objetivo é ver essa dádiva brilhar.

Economia perversa

Se houver algum israelita pobre em qualquer das cidades da terra que o Senhor, o seu Deus, lhes está dando, não endureçam o coração, nem fechem a mão para com o seu irmão pobre. Ao contrário, tenham mão aberta e emprestem-lhe liberalmente o que ele precisar. Cuidado! Que nenhum de vocês alimente este pensamento ímpio: "O sétimo ano, o ano do cancelamento das dívidas, está se aproximando, e não quero ajudar o meu irmão pobre". Ele poderá apelar para o Senhor contra você, e você

---

[3] N.E.: Indira Gandhi foi primeira-ministra na Índia no período de 1966 e 1977, e, posteriormente, entre 1980 e 1984. Informações disponíveis em *https://acervo.estadao.com.br/noticias/personalidades,indira-gandhi,970,0.htm*. Acesso em fevereiro de 2021.

será culpado pelo pecado. Dê-lhe generosamente, e sem relutância no coração; pois, por isso, o Senhor, o seu Deus, o abençoará em todo o seu trabalho e em tudo o que você fizer. (Deuteronômio 15.7-10)

Novamente, percebemos nessa passagem que Deus se lembra de que o homem é falho e de que quase sempre não fará o que é certo, nem mesmo os hebreus. Lembre-se de que, quando tudo isso foi escrito, eles ainda se encontravam no deserto depois de terem passado cerca de 300 anos sob escravidão. O Senhor, conhecendo o coração humano, avisou-lhes que, se Ele os abençoasse financeiramente, deveriam pensar além deles mesmos. Ele queria prosperá-los, mas essa dádiva vinha com uma responsabilidade para com o bem de toda a comunidade.

Note no versículo oitavo a palavra "precisar". Alguns cristãos, hoje em dia, pensam que temos uma obrigação de dar para os outros qualquer coisa que nos pedem. Isso não é um pensamento bíblico. Na verdade, esse pensamento vai contra os princípios bíblicos, pois pode conduzir pessoas à ociosidade e à dependência. Note também a importante palavra "emprestem". Emprestar não é a mesma coisa que fazer doação. É uma ajuda para um começo ou para uma situação de crise. Requer um relacionamento de responsabilidade e um envolvimento suficiente na vida de quem pegou o empréstimo para que se possa avaliar a necessidade real e a certeza do pagamento da dívida.

Alguns exemplos práticos

Uma amiga da Suíça me contou uma história maravilhosa de responsabilidade social direto das páginas da Reforma Protestante. Em um pequeno vilarejo, havia uma vinha que era de propriedade coletiva. Quando um dos moradores passava por dificuldades, podia trabalhar nessa vinha por um ou dois anos, até que a sua situação melhorasse. A família em dificuldade cultivava a vinha e ficava com a safra daquela estação. Quando tivessem se restabelecido, a comunidade passava a vinha para outra família carente. Generosidade e responsabilidade social — tudo conforme a Economia bíblica.

ECONOMIA

Enquanto eu dava aulas em uma escola de missões na Dinamarca, uma obreira dinamarquesa contou o que ela e outros missionários tinham feito em uma tribo tibetana com a qual trabalhavam. Essa tribo nômade tinha perdido muitos iaques – espécie de boi do Tibete – devido a uma sequência de invernos extremamente rigorosos. A tribo estava passando fome, uma vez que os iaques eram sua principal fonte de sobrevivência. Os missionários dinamarqueses sabiam que poderiam arrecadar dinheiro no Ocidente para ajudar a tribo e assim o fizeram. Eles compraram mais iaques e entregaram para as famílias que se encontravam nas condições mais desesperadoras. A pergunta da entusiasmada obreira para mim, foi:

— Como nos saímos em relação à aplicação dos princípios bíblicos de economia nessa situação?

E a minha resposta foi que eles tiveram metade da revelação. E metade de uma revelação é melhor que nada!

A equipe tinha percebido que trazer apenas a mensagem da salvação não era o suficiente. Eles perceberam que teriam de se envolver em outras áreas de necessidade da tribo, viram uma carência financeira e buscaram uma solução. O problema foi com o caminho que encontraram para isso. Perguntei para a obreira:

— O que aconteceria com a tribo se eles passassem novamente por mais uma sequência de invernos rigorosos?

Ela me respondeu:

— Eles estariam em dificuldade de novo.

Exatamente! A solução não tinha resolvido o problema. Na verdade, aquilo havia tornado a tribo ainda mais dependente, porque agora, quando estivessem em dificuldades outra vez, eles procurariam missionários dinamarqueses para ajudá-los.

No meio da sala de aula, ela gritou:

— Socorro! O que nós podemos fazer?

Parte do problema é o "nós" dessa pergunta. Afinal, Deus, com todo o Seu desejo de ver um povo se desenvolver, quer mais ênfase no "eles". Antes de tudo, a tribo deveria ter sido envolvida no processo de decisão. O objetivo da Economia, segundo a Bíblia, é incentivar a independência econômica. Juntamente com as bênçãos, o Senhor sempre dá responsabilidades, e isso deve ser sempre um dos objetivos da solução. A tribo poderia pegar "emprestado" um iaque dos missionários e depois que o animal gerasse dois novilhos, entregaria um de volta para eles. Um simples plano de devolução de empréstimo permitiria aos missionários emprestarem o iaque à outra família carente. A tribo poderia organizar seu próprio sistema, por meio do qual eles próprios passariam o segundo novilho a outra família que estivesse em dificuldade. Esse sistema estimula a independência e a responsabilidade, como, também, inicia o processo de multiplicação da bênção original adquirida. A tribo poderia decidir vender um de cada dois novilhos que nascessem, organizando, com o dinheiro obtido, um fundo de emergência para invernos futuros. Dessa forma, independência, responsabilidade e planejamento a longo prazo, estariam sendo desenvolvidos na cosmovisão e na maneira de pensar da tribo. Isso é discipulado sobre Economia!

Um amigo sueco me contou outra história maravilhosa relacionada com esse tema. Enquanto viajava a negócios por uma grande cidade africana, no meio da noite, ele acordou e não conseguia voltar a dormir. Então, sentiu que Deus estava lhe pedindo que saísse para uma caminhada. Assim que colocou seus pés na rua, garotos que vendiam balas o cercaram. Eles passavam a noite nas ruas para tentar conseguir vender alguma coisa. Essas crianças eram desamparadas e cada centavo contava. Assim, ele iniciou uma conversa com os garotos e, em particular, com um deles, chamado David. Perguntou a eles como viviam e descobriu uma história de pobreza, fome, abandono e, porque não dizer, de escravidão. O "dono" dos meninos lhes entregava as caixas de balas e depois os enviava às ruas para vendê-las. Eles recebiam 15% das vendas. Essa renda servia apenas para que não morressem de fome.

Meu amigo, um homem de negócios, descobriu que o valor de uma caixa de balas era de aproximadamente 15 dólares americanos. Ele contou aos garotos que era cristão, seguidor de Jesus, e que Cristo se importava com eles e queria ajudá-los. Então, perguntou ao David se ele poderia ter uma vida melhor caso fosse dono das suas próprias balas e pudesse ficar com o lucro. O garoto respondeu que seria ótimo. Meu amigo fez uma proposta ao garoto: ele lhe daria 15 dólares americanos para que pudesse comprar suas balas. Quando David começasse a ter dinheiro extra, ele teria de guardá-lo. Quando tivesse o total de 50 dólares, ele deveria ajudar outro garoto a comprar sua própria caixa de balas para que fizesse a mesma coisa, e assim por diante. O garoto ficou entusiasmado. Meu amigo lhe deu o dinheiro e partiu. Alguns meses depois, uma carta de David chegou à Suécia com a notícia de que, agora, todos os garotos possuíam suas próprias balas. Todos os que meu amigo havia conhecido naquela noite também tinham o suficiente para comer e lugares para morar. Ainda por cima, haviam se tornado cristãos, frequentavam a igreja e estavam ajudando outras crianças a saírem das ruas. Isso é a Economia que a Bíblia ensina: generosidade, independência, responsabilidade e multiplicação.

Resumo

Estamos vendo somente a superfície daquilo que a Bíblia tem a dizer sobre esses assuntos. Lembre-se: o objetivo desta edição é nos ensinar a pensar e a estudar a Bíblia de uma nova maneira. Devemos nos dedicar muito mais a estarmos prontos para articular uma visão bíblica completa sobre Economia.

Os princípios de Economia que vimos em Deuteronômio 15.1-10, são:

1. Limitar dívidas pessoais.
2. Eliminar a pobreza.
3. Evitar dívida nacional.
4. Tratar sabiamente das necessidades legítimas dos pobres.

O pensamento hebraico não conseguia compreender um conceito de bênção sem uma manifestação tangível além da intangível. A bondade de Deus estava [e está] vinculada a se ter alimento, roupa e abrigo de maneira suficiente. A própria palavra shalom traz implícito o conceito de bênçãos materiais. E, hoje, a maior parte da população do planeta está desesperada por esse Evangelho prático.

Guia de Estudo

Temas para procurar na Bíblia quando você estiver estudando e colorindo o que as Escrituras dizem sobre Economia: **princípios e éticas financeiras**; **empréstimos**; **Agricultura, o trabalhador**; **Trabalho, o administrador**; **herança**; **salários**.

A área da Economia revela: *Jeová-Jireh* – **Deus, nosso Provedor**.
O principal atributo de Deus revelado em Economia: **Bondade**.
Deus governa essa área através de: **as leis da agricultura**.[4]

Definindo a missão

Desenvolver uma Economia em que os bens e serviços necessários se tornem disponíveis para a comunidade a preços justos, atrelado ao desenvolvimento de um mercado de trabalho que ofereça salários justos. Grandes questões a serem contempladas: ganho honesto; capacitação dos pobres; integridade da força de trabalho; administração de recursos; consciência social.

Nota a todos os cristãos

Todos nós lidamos com bênçãos financeiras e materiais, ou com a necessidade delas. Isso não é apenas um mal necessário, não é um terrível desvio das coisas mais importantes. Isso é o plano de Deus para se revelar como *Jeová-Jireh*, o Senhor da bondade. Tantas pessoas querem receber riquezas materiais sem entender os princípios divinos sobre Finanças. Sim,

---

[4] N.A.: A seção sobre "As leis da agricultura" foi omitida na presente edição, mas será incluída numa futura e desenvolvida mais a fundo no volume sobre Economia.

ECONOMIA

Deus deseja nos abençoar, mas Ele quer beneficiar todas as áreas das nossas vidas, e não apenas nos prover de coisas materiais. Ele quer que sejamos uma bênção, não somente indivíduos abençoados. Ele quer nos honrar de forma a nos tornar mais parecidos com Ele.

Você conhece e vive os princípios de Deus sobre finanças? Ou nem consegue responder a essa pergunta? Se for assim, não se culpe, você não está sozinho. Você quer conhecer os pensamentos do Senhor sobre esse assunto? Por que não começar lendo a Sua Palavra com esse tema em mente? Eu posso garantir que Deus está pronto para discipular você nessa área, você só precisa dar a Ele uma oportunidade, estudando as Escrituras. Você é parte da estratégia do Senhor para discipular sua comunidade e sua nação. Você responderá a esse chamado?

Nota aos profissionais de Negócios

Se você é um banqueiro, um homem de negócios, um comerciante, um administrador, um dono de loja, um corretor da bolsa, ou um trabalhador braçal que provê, de alguma maneira, bens e serviços à sua comunidade ou nação, também é parte do plano de Deus para revelá-lO como *Jeová--Jireh*, o nosso Deus Provedor. A Bíblia tem tanto a dizer sobre Finanças, e sua finalidade é abençoar o povo nessa área, tanto quanto em qualquer outro assunto. Hoje, a maioria das pessoas veem Negócios como um meio de se fazer dinheiro e nada mais. Nas Escrituras, os Negócios são muito mais. Significam provisão, qualidade de vida e demonstração de bondade e bênçãos. A Bíblia fala sobre a adoração através do trabalho, bem como sobre o Criador do trabalho; sobre habilidade e destreza, e fala do trabalho sendo digno de quem o realiza. A criatura revela o Criador através da qualidade de seu trabalho, assim como o Criador tem se revelado através da qualidade da Sua criação. Responsabilidade social e soluções criativas também revelam a bondade do Senhor para com todos os níveis sociais. Você tem um chamado de Deus para sua vida. Assim como José, você é parte da revelação divina sobre Sua capacidade de prover em abundância tudo o que precisamos.

Também é parte de Seu plano para revelar o valor do trabalhador. O que aconteceria se todos os cristãos do mundo chegassem ao trabalho na hora certa? Se realizassem seu trabalho com excelência? Se dessem prioridade a abençoar a empresa e a comunidade em vez de favorecerem a si mesmos? Como seria se todos os cristãos que possuem um negócio se perguntassem: "O que nossa comunidade está precisando e como podemos fornecer isso e ter lucro?"; em lugar de: "Onde podemos ganhar mais dinheiro?".

Antes de começarmos a sonhar, devemos saber o que Deus quer que sonhemos. E, para saber isso, devemos entender o que Ele já nos ensinou em Sua Palavra. Depois dessa leitura, você se sentiu desafiado? Será que você é um dos chamados para começar a saturar sua mente com os pensamentos de Cristo e, então, aplicá-los em sua vida e em seu trabalho?

Você é parte da estratégia de Deus para discipular sua nação.

Muitos cristãos de hoje em dia rejeitam a disciplina da Ciência, tomando-a como o campo de batalha onde se contesta a existência de Deus [...] mas esses pensamentos estão longe dos ensinamentos do Antigo Testamento, dos frutos da Igreja Primitiva e das raízes das mensagens de Jesus e de Paulo.

CAPÍTULO 8
Ciência

[...] Se vocês derem atenção ao Senhor, ao seu Deus e fizerem o que ele aprova, se derem ouvidos aos seus mandamentos e obedecerem a todos os seus decretos, não trarei sobre vocês nenhuma das doenças que eu trouxe sobre os egípcios, pois eu sou o Senhor que os cura. (Êxodo 15.26)

E Deus viu tudo o que havia feito, e tudo havia ficado muito bom [...] (Gênesis 1.31)

George Washington Carver foi um escravo negro americano que usou sua mente sábia para se salvar da escravidão, tornando-se um dos maiores cientistas norte-americanos. Ele tinha mais de mil patentes somente para o uso do amendoim. Ao ser questionado sobre como havia conseguido pensar em tantas maneiras para se utilizar a semente, ele respondeu que segurou um amendoim em suas mãos e se perguntou: "Para que o Senhor criou o amendoim? Tu criaste todas as plantas que dão sementes e dissestes que eram boas" (cf. Gênesis 1.11-12).[1]

Da mesma forma, quase todos os astronautas que se aventuraram para o espaço, retornaram à Terra falando sobre o Criador, abismados com a magnificência do *cosmos*. O rei Davi e o rei Salomão também não eram apenas grandes líderes políticos, mas amavam a Ciência (cf. 1 Reis 4.33),

---

[1] **George Washington Carver**: de escravo a mestre em agronomia (1864 - 1943). Publicado por *Unicentro* em 7 de agosto de 2020. Disponível em *https://www3.unicentro.br/petfisica/2020/08/07/george-washington-carver-de-escravo-a-mestre-1864-1943/*. Acesso em fevereiro de 2021.

CIÊNCIA

e adoravam o Senhor da criação. Na realidade, para os judeus, a criação é a primeira revelação do Senhor. Já o apóstolo Paulo disse que o mundo material revela os atributos invisíveis de Deus tão claramente que ninguém tem desculpa de não vê-lO (cf. Romanos 1.20). Ele ainda argumentou com os místicos da sua época que Deus não é apenas o Deus do mundo invisível, mas também do visível (cf. Colossenses 1.16). Assim, podemos afirmar que a Ciência moderna, tal como a conhecemos hoje, desenvolveu-se a partir da visão bíblica de que o Senhor criou tudo o que há e estabelece as leis pelas quais tudo funciona. A descoberta e a compreensão desses preceitos nos levam a uma melhor qualidade de vida.

No entanto, muitos cristãos de hoje em dia rejeitam a disciplina da Ciência, tomando-a como o campo de batalha onde se contesta a existência de Deus. Outros sentem que é uma área inferior, "material", e não tão importante como a "espiritual". Na verdade, alguns até acreditam ser uma demonstração de falta de fé o procurar e o utilizar as descobertas científicas. Mas esses pensamentos estão longe dos ensinamentos do Antigo Testamento, dos frutos da Igreja Primitiva e das raízes das mensagens de Jesus e de Paulo. Uma interpretação da mensagem de Cristo que não seja alicerçada em claros fundamentos bíblicos sobre o mundo material é mais mística que bíblica.

Como exemplo disso, enquanto a mensagem do Evangelho se espalhava pelo mundo nos primeiros 1.800 anos, ela também carregava a mensagem de que Deus e limpeza andam juntos. Ou melhor, as ideias de saneamento e saúde acompanhavam o conceito da salvação. Afinal, as medidas sanitárias dos judeus durante a "peste negra" na Europa eram tão superiores, que algumas pessoas pensavam que eles usavam mágica, quando, na verdade, estavam apenas continuando a praticar o que o Senhor os tinha ensinado nos livros de Moisés. Em contrapartida, como isso se compara à realidade da África do Sul "evangelizada" dos dias atuais, que está à beira da extinção por causa de doenças? O que pode acontecer conosco se os cientistas que hoje respondem às grandes questões morais do século XXI não tiverem uma cosmovisão bíblica?

Vamos dar uma olhada no que Moisés ensinou sobre isso:

> Quando estiverem acampados, em guerra contra os seus inimigos, mantenham-se afastados de todas as coisas impuras. Se um de seus homens estiver impuro devido à poluição noturna, ele terá que sair do acampamento. Mas ao entardecer ele se lavará, e ao pôr-do-sol poderá voltar ao acampamento. Determinem um local fora do acampamento onde se possa evacuar. Como parte do seu equipamento, tenham algo com o que cavar, e quando evacuarem, façam um buraco e cubram as fezes. Pois o Senhor, o seu Deus, anda pelo seu acampamento para protegê-los e entregar-lhes os seus inimigos. O acampamento terá que ser santo, para que ele não veja no meio de vocês alguma coisa desagradável e se afaste de vocês. (Deuteronômio 23.9-14)

As Escrituras são bem realistas e lidam com a vida de forma direta. Deus trata com todas as dimensões de Sua criação. Assuntos que deixam eu e você constrangidos são abordados para a compreensão de todos. Esse parágrafo de Deuteronômio começa tratando sobre a poluição noturna. Iremos poupar os homens e pular esse assunto, pegando dos versículos 12 ao 14, que constrangem a todos por igual.

Deus tinha trazido um grande livramento para mais de 2,5 milhões de escravos hebreus e estrangeiros. Eles tinham presenciado a divisão do Mar Vermelho e se alimentaram do miraculoso maná que, diariamente, caía do céu. Mas, ainda assim, eles precisavam usar o banheiro. Você pode achar que esse cenário no deserto é a justaposição dos ensinamentos divinos sobre o mundo material. Algumas vezes, ele pode até invadir nossa realidade e fazer algo sobrenatural que nenhum de nós compreende, mas a norma geral é a ação dentro das leis naturais pelas quais Sua criação funciona. Nessa passagem, por exemplo, Deus está ensinando sobre regras básicas de higiene.

Os princípios são bem diretos. Primeiro, a comunidade deveria determinar um local apropriado para a urina e as fezes das pessoas. Em segundo lugar, os cidadãos tinham de ter a responsabilidade de seguir as instruções dadas pela comunidade. Em terceiro, tudo deveria ser enterrado, e não jogado na água, ou deixado na superfície. Por fim, em quarto

CIÊNCIA

lugar, a presença de Deus é a maior motivação possível para tudo isso. O Senhor, através de Moisés, estava ensinando Seu povo sobre saúde pública — saneamento e medidas preventivas de saúde. O mesmo Deus que fez o impossível para eles abrindo o Mar Vermelho também queria ensiná-los sobre o mundo material e sobre as leis pelas quais ele funciona. Além disso, Ele quer que eles tomem para si a responsabilidade pelo que aprenderam. Ele os está discipulando.

As passagens sobre as "impurezas"

Quando eu era criança, as passagens sobre as "impurezas" nas Escrituras eram ensinadas alegoricamente como paralelos para o pecado. Eu ficava feliz por não ter nascido na época do Antigo Testamento, porque andar pelas ruas gritando: "Eu sou impuro!", e passar um dia fora do acampamento, parece um tratamento bem severo para pequenas infrações. Por meio dessa interpretação fantasiosa, acredito que muitos creram por muito tempo em ideias distorcidas, como a noção errada de que talvez as mulheres fossem mais impuras que os homens. Eu creio que isso venha de ensinamentos mal interpretados, como o conceito de que uma mãe era considerada impura por mais tempo depois do nascimento de uma menina do que após dar à luz a um menino (cf. Levítico 12.5-7). Entre outras coisas, essa deturpação a respeito das mulheres nasceu de vinculações mentirosas à ideia de que Eva pecou primeiro e, por causa disso, as mulheres são mais propensas ao erro que os homens. De modo geral, era um ambiente austero para as mulheres. No entanto, as "impurezas", não são meras invencionices, mas são históricas; e o mais importante: eram orientações pragmáticas fornecidas por Deus para a saúde pública.

Essa lista de tudo aquilo que o Pentateuco diz sobre tudo o que tornaria você impuro esclarece um pouco melhor esse cenário:

- Tocar qualquer coisa que seja despojo de guerra (cf. Deuteronômio 13.15-16);

- Tocar um esqueleto humano ou em uma sepultura (cf. Números 19.16);
- Tocar ou ficar na presença de um cadáver (cf. Números 19.11);
- Tocar o fluxo proveniente da menstruação de uma mulher (cf. Levítico 15.19, 25);
- Tocar as impurezas provenientes do sêmen de um homem (cf. Levítico 15.2, 16);
- Tocar um homem com sangramento pelo corpo ou tocar sua saliva (cf. Levítico 15.7-8);
- Tocar a cama ou assento usados por um homem com sangramento (cf. Levítico 15.4, 9);
- Tocar as impurezas provenientes da polução noturna de um homem (cf. Deuteronômio 23.10);
- Tocar impurezas humanas — urina e fezes (cf. Levítico 5.3);
- Tocar qualquer coisa que tenha se encostado nessas coisas (cf. Levítico 7.21);
- Tocar a cama ou cadeira usada por uma mulher menstruada (cf. Levítico 15.20-21);
- Tocar ou ter alguma doença na pele ou erupção cutânea (cf. Levítico 13.2-3);
- Tocar ou ficar exposto ao mofo (cf. Levítico 13.59);
- Tocar o sangue dos sacrifícios, caso fosse um sacerdote (cf. Números 9.7).

Apesar de impactante, essa lista nos ensina muitas coisas. Primeiro, parece que os homens têm mais chances de se tornarem impuros do que as mulheres. Segundo, parece que o pobre sacerdote vai ser o mais impuro de todos. Terceiro, e talvez mais relevante, nada disso é relacionado a assuntos espirituais; tudo é sobre higiene. Deus estava ensinando sobre prevenção de doenças e sobre saúde pública. Quando Ele diz: "Se obedecerem às minhas leis, vocês não terão nenhuma das doenças das

CIÊNCIA

nações que os cercam", Ele não está dando nenhuma fórmula para magia espiritual. Ele está ensinando sobre a prevenção de doenças contagiosas, e isso, aproximadamente, 3.800 anos antes de a humanidade descobrir os germes. Foi só no século XVII que aprendemos que existem micróbios e vírus que podem ser transmitidos de uma coisa para outra, causando doenças.[2] Aliás, até a década de 1990, não tínhamos entendido por completo que os maiores transmissores virais são os fluidos do corpo humano.[3] Foi preciso haver uma epidemia de AIDS para que a extensão da avançada sabedoria de Deus fosse revelada.

Na África, que é 80% evangelizada[4], uma em cada quatro pessoas, talvez até mais, está morrendo de AIDS.[5] Qual seria essa estatística se acrescentássemos as outras doenças que também estão tirando as vidas das pessoas naquela região? Onde está a influência bíblica que gerou as nações mais saudáveis e cientificamente avançadas do mundo? Lembre-se de que, quando o Evangelho chegou à Europa, os europeus eram os "imundos pagãos" com os quais as nações desenvolvidas do Oriente Médio não queriam se misturar. Então, o que produziu as "antissépticas" Suíça, Alemanha e Escandinávia? As culturas e as mentes desses povos foram transformadas por um Evangelho que não lidava apenas com a conversão das almas, já que a mensagem que receberam abrangia todas as áreas da vida. Era um Evangelho que trazia saúde física, como, também, comunhão com Deus.

---

[2] **A história do surgimento da microbiologia**: fatos marcantes. Publicado por *Instituto de Microbiologia Paulo de Góes*. Disponível em *http://www.microbiologia.ufrj.br/portal/index.php/pt/destaques/novidades-sobre-a-micro/384-a-historia-do-surgimento-da-microbiologia-fatos-marcantes*. Acesso em fevereiro de 2021.

[3] **Aids**: saiba mais sobre a evolução do tratamento e a importância da prevenção. Publicado por *Unimed* em 04 de dezembro de 2020. Disponível em *https://www.unimed.coop.br/web/cascavel/noticias-unimed/aids-saiba-mais-sobre-a-evolucao-do-tratamento-e-a-importancia-da-prevencao*. Acesso em fevereiro de 2021.

[4] Atualmente, os povos africanos não alcançados equivalem a 28% de sua população. Informações disponíveis em *https://sa.aimint.org/institucional/visao-2020*. Acesso em fevereiro de 2021.

[5] N.E.: A estatística mais recente, que se atém à região Subsaariana do continente, aponta que um a cada vinte africanos tem HIV/AIDS. Informações disponíveis em *https://unaids-test.unaids.org/sites/default/files/unaids/contentassets/documents/epidemiology/2012/gr2012/20121120*. Acesso em fevereiro de 2021.

Sobre isso, George Kinoti comenta:

A África está infestada por inúmeras doenças. As mais sérias são as contagiosas, que são curáveis e evitáveis. Um exemplo óbvio é a malária, que causa um sofrimento incalculável na África e leva algo em torno de um milhão de vidas africanas por ano. A malária já foi uma das principais doenças nas regiões mais quentes da Europa e dos Estados Unidos, mas a melhoria nas condições de moradia acabou com ela.[6]

Em outras palavras, e indo além do contexto africano, dois terços do mundo estão desesperados por um Evangelho assim. Mas quem irá? E como saberão, se ninguém lhes contar?

Cura Divina

Certa vez, uma jovem mãe com duas crianças abaixo dos quatro anos de idade conversava comigo em um restaurante da Nova Zelândia. Ela tinha recém-descoberto que um perigoso tumor nos gânglios linfáticos aparecera em seu corpo alguns meses após ela pensar que estava completamente curada de um câncer. O prognóstico não era bom. Ela me perguntou:

— O que você pensa sobre cura divina?

Todo o meu ser queria dar aquelas populares respostas carismáticas ou evangélicas como: "Pelas Suas feridas somos curados"; "Reivindique isso e creia!" (cf. Isaías 53.5). Eu queria lhe dar a versão que tem o final feliz, mas eu tinha estudado a Bíblia por tempo demais e sabia que não é somente isso o que ela ensina. As Escrituras não ensinam que se crermos em Cristo nunca ficaremos doentes, ou que se tivermos fé suficiente seremos curados e nunca morreremos! Você pode encontrar versículos isolados que parecem ter esse significado, mas não é o que estão dizendo, porque eles não fazem sentido quando comparados a muitas outras passagens. Jesus morreu e Paulo tinha uma indisposição física que Deus não curou, mesmo quando

---

[6] KINOTI, George. **Hope for Africa and what the Christian can do**. Publicado por African Institute for Scientific Research and Development, Nairóbi, 1994.

CIÊNCIA

orou por três vezes a respeito disso (cf. 2 Coríntios 12.8). Lázaro foi ressuscitado dos mortos e depois morreu mais uma vez.

Com um coração pesado, eu respondi à minha amiga que a Bíblia deixa claro que milagres acontecem, mas eles são exceções, e não regra. Os milagres são intervenções espetaculares de Deus para o Seu propósito, mas eles nunca serão a norma. Podemos sempre orar e pedir a Ele por cura, mas a mensagem do Evangelho é que, na morte, o Inimigo das nossas almas, é finalmente derrotado, e não que nessa vida nunca morreremos. Vivemos em um mundo pecaminoso e doenças são uma realidade. Nossos corpos mortais estão envelhecendo. Podemos aprender a viver de maneira mais sábia e tratar das doenças com prevenção e cura, mas iremos todos morrer. Qual é então a nossa esperança? Nossa confiança é que, através de Sua morte, Cristo venceu o Mal. No exato momento que Satanás pensa ter nos vencido, no ponto da morte, recebemos um corpo imortal e não corrompido pelo pecado. A cruz removeu o aguilhão da Morte, mas não, a morte em si. O livro de Jó nos revela que o Inimigo de Deus pode nos tentar com doenças e crises, mas revela também, que Satanás não pode tomar nossas vidas quando pertencemos a Ele. A questão é "quando" vamos morrer, e não "se" vamos morrer.

O pensamento de muitos cristãos, hoje, é de que não deveria haver sofrimento no mundo, não deveria haver morte, deveríamos ter o paraíso agora. Citando o Dr. Kinoti mais uma vez, tem-se que "a religião [...] capacita muitos a fugir da realidade. Os cristãos [...] às vezes usam sua fé como narcótico para fugir da dor, da feiura, das dificuldades, da dura realidade do mundo em que vivemos".[7] O autor está falando especificamente sobre os cristãos da África. Mas, esse não é um problema apenas dos africanos, e sim um dos grandes obstáculos do pensamento evangélico, pentecostal e carismático no último século e meio. Nós nos deixamos levar por uma crença de que a salvação nos liberta de viver no mundo material, mas ela não faz isso.

Ao sair do restaurante com minha amiga, eu desejava dizer-lhe algo que pudesse confortá-la, mas que fosse verdadeiro. Coloquei meu braço ao redor dela e falei:

---

[7] *Ibid.*

— Isso é o que eu sei: se você sobreviver, será purificada como ouro depois dessa experiência. Se morrer, você estará na presença de Jesus e será feita perfeita como Ele. De qualquer forma, você não vai sair perdendo!

Na semana em que eu preparava este capítulo, fui ao seu funeral sabendo que eu lhe havia confortado com a Verdadeira Palavra.

A forma de culto e o mundo material

Por toda a Escritura, percebemos que a criação tem o papel de atrair o coração do povo para mais perto do Senhor. Davi ficava maravilhado com o Deus que criou as incontáveis estrelas. Salomão tentava compreender as estações e o Deus que criou a rotação dos planetas. Paulo sabia que os homens podiam entender Sua existência e Seus atributos só observando as coisas ao seu redor. Afinal, a criação espelha a majestade do Senhor. Na era da construção das grandes catedrais, os europeus estavam encantados com a natureza do espaço. Eles não conseguiam definir ainda a estrutura molecular de todas as coisas, então, o ar era algo impressionante e misterioso. Eles incorporaram isso em sua forma de cultuar e pediram para arquitetos e engenheiros criarem uma tecnologia de construção que transportasse a grandiosidade e as maravilhas da criação de Deus para suas catedrais. Eles entenderam que Ciência e adoração podiam andar juntas. Até hoje, todos os anos, milhões de pessoas ainda visitam esses grandes monumentos.

Deus não está em guerra com o mundo material. A Ciência, de todos os campos, é o mais limitado, porque os cientistas não podem descobrir nada que Ele não tenha criado. Certamente, os cientistas podem criar teorias que não são baseadas em fatos. Mas, eles não podem criar novas leis ou novas verdades no *cosmos*. Eles podem apenas descobri-las. Muitos cristãos acreditam, ou pelo menos se comportam como se devêssemos nos alienar de toda a Ciência em virtude da nossa fé. Mas esse pode ser um erro muito grave. No século XVI, Igreja e Ciência estavam em desacordo. Galileu e outros tinham começado a pressupor que o mundo não era plano, mas sim, esférico. A Teologia da época tinha sido construída ao redor do conceito

CIÊNCIA

de um planeta Terra plano e sustentava a ideia de que o Céu era em cima e o Inferno embaixo, bem como que o Homem e a Terra eram o centro do Universo. O primeiro defensor de ideias contrárias a essa foi executado por heresia, por estar ensinando contra as doutrinas da Igreja.[8] O segundo, o próprio Galileu, foi colocado em prisão domiciliar.

É claro que, nesse caso, a Ciência estava certa e a interpretação teológica da época, errada. Deus sabia a verdade o tempo todo. Ele não ficou surpreso com a nossa descoberta. Na verdade, a descoberta científica de algum fato de Seu Universo não destrói a validade das Escrituras ou desafia as verdades divinas. Essa revelação simplesmente levou a uma maior compreensão do que o Senhor quis dizer sobre o Homem como centro do Universo. Criou a possibilidade de que o Homem fosse vital no plano de Deus, mas, não necessariamente, central na geografia cósmica. Não sabíamos ainda que para cima e para baixo eram termos relacionados com a Lei da Gravidade.[9] O que esses conceitos podem significar fora do nosso planeta é outra questão. Mas o Senhor não é abalado pelas descobertas científicas. Ele não está alienado do mundo material e o utiliza para se revelar, mas a humanidade ainda está aprendendo a percebê-lO.

Quando vi as imagens do telescópio Hubble revelando o nascimento[10] e a morte[11] das estrelas, fiquei espantada. A cor, a força e a majestade na criação de apenas uma pequena estrela! Extravagantes explosões coloridas

---

[8] **Quem foi Giordano Bruno, o místico "visionário" queimado na fogueira há 418 anos.** Publicado por *BBC News*. Disponível em *https://www.bbc.com/portuguese/geral-43081130*. Acesso em fevereiro de 2021.

[9] A Lei da Gravitação Universal, popularmente conhecida como Lei da Gravidade, foi criada pelo físico e matemático Isaac Newton por meio da observação dos movimentos planetários para explicar que há uma força fundamental [gravidade] de atração mútua entre corpos com massa. Mais informações: NEWTON, Isaac. **Princípios matemáticos de filosofia natural.** São Paulo: Edusp, 2018.

[10] **Telescópios Hubble e ALMA registram nascimento de aglomerado de estrelas.** Publicado pela revista *Galileu*. Disponível em *https://revistagalileu.globo.com/Ciencia/Espaco/noticia/2020/07/telescopios-hubble-e-alma-registram-nascimento-de-aglomerado-de-estrelas.html*. Acesso em fevereiro de 2021.

[11] **Hubble registra incrível (e rara) imagem da morte de uma estrela.** Publicado por *Veja*. Disponível em *https://veja.abril.com.br/ciencia/hubble-registra-incrivel-e-rara-imagem-da-morte-de-uma-estrela/*. Acesso em fevereiro de 2021.

a milhões de quilômetros de altura. Quem não adora ao Deus da criação ao ver e descobrir coisas assim? Eu me senti privilegiada ao pensar que vivo na primeira geração que o Senhor presenteou com uma visão assim das coisas que Ele criou, a majestade de Seu poder, a beleza de Seu Universo em cada detalhe. O rei Davi também ficava maravilhado ao ver as estrelas. Ele viu Deus revelado na pequena amostra que ele conseguia enxergar. O telescópio Hubble estava apontado para uma mancha preta na última parte da extremidade do grupo de sete estrelas da constelação da Ursa Maior. Essa mancha era dez vezes mais preta que qualquer outra coisa que possamos ver a olho nu. O telescópio visualizou essa mancha negra por dez dias, absorvendo luz das profundezas do espaço. Quando os astrônomos olharam as imagens que o telescópio tinha enviado, eles contaram dez galáxias, sendo todas, maiores que a nossa, naquela mancha preta. Quem não O adora ao pensar na Sua grandeza? Quem não fica maravilhado com o Deus da criação? E ainda hoje, por causa do pensamento dicotômico, se algum crente comenta alguma coisa sobre as descobertas do telescópio Hubble, geralmente associa isso com um lamento sobre o tanto de dinheiro investido "nessa bobagem" que poderia ter sido usado para o evangelismo.

Resumo

Você está começando a entender a parte perdida das Escrituras? Você está conseguindo enxergar a tragédia de tentarmos encaixotar Deus? O que mais Ele irá nos revelar sobre Seu universo? Que outros conhecimentos avançados sobre o mundo material Ele está esperando para nos comunicar para a prevenção de doenças? Deus é o mesmo ontem, hoje e sempre. Ele não mudou. Nós, cristãos, é que perdemos nossa compreensão sobre quem Ele é. Sua revelação contida no mundo material irá nos reavivar e nos restaurar. Será que permitiremos?

Acabamos de dar uma olhada em uma pequena passagem que trata de saneamento básico. Existe muito mais: lições sobre meio ambiente e nossa responsabilidade de zelar pela criação, sobre curas, sobre a função

CIÊNCIA

sacerdotal com cuidados básicos de saúde, sobre as propriedades farmacêuticas das plantas e tantas outras coisas relevantes. Quando você terminar de estudar os ensinamentos de Deus na Bíblia, você chegará à conclusão de que Ele ama a Ciência.

Guia de Estudo

Temas para procurar na Bíblia quando você estiver estudando e colorindo o que as Escrituras dizem sobre a Ciência: **saúde**; **natureza**; **higiene**; **Medicina**; **Engenharia**; **tecnologia**; **sustentabilidade ambiental**; e **o reino animal**.

A área da Ciência revela: **O Criador.**

O principal atributo de Deus revelado através da Ciência: **Ordem e poder**.

Deus governa essa área através de: **leis da natureza**.

Definindo a missão

Descobrir e utilizar as leis de Deus para abençoar todas as pessoas, buscando um padrão de vida melhor, uma saúde integral e uma administração responsável por todos os Seus recursos naturais. Grandes questões abrangem: prevenção de doenças, descobertas e cuidados com a natureza.

Nota a todos os cristãos

Deus não fica receoso com a Ciência e suas descobertas, e você e eu também não deveríamos ficar. Em se tratando de medicina, uma abordagem equilibrada sobre cura, segundo a Bíblia é:

1. Confesse todos os seus pecados conscientes;
2. Amarre o Inimigo;
3. Procure tudo o que a medicina tem para oferecer;

4. Ore por um milagre;

5. Coloque-se nas mãos carinhosas de Deus, Ele sabe o que é melhor.

Peço a Deus que revele aos Seus profissionais da Ciência a cura para as doenças, assim como Ele revelou sobre a prevenção de doenças infecciosas a Israel. Qual você acha que é o testemunho mais duradouro: um milagre para um indivíduo ou a cura para muitos? Talvez essa não seja uma pergunta justa, já que ambos revelam o poder de Deus. Você está orando pelas duas revelações – milagres e curas – para as nações?

Você está preparado para rejeitar o ceticismo sobre a Ciência e deixar Deus falar com você através das descobertas que Ele permite ao Homem fazer? O Homem é falho e inclinado a corromper tudo o que vê pela frente. Na atualidade, um exemplo disso é a questão da clonagem. Claro que a clonagem pode levar à tentativa de duplicação de humanos. Mas, clonagem de órgãos e pesquisas sobre DNA podem também levar à cura de muitas doenças comuns. Não podemos ver nessas descobertas as mãos do Senhor nos estendendo Sua misericórdia? Muitas vezes, a história da Torre de Babel é usada para discutir os males da Tecnologia. Mas, o pecado de Babel foi, na verdade, o imperialismo político, em que a torre era somente um símbolo. Quando a Tecnologia ficou fora de controle, Deus a destruiu, confundindo o povo.

Então, qual é a lição que tiramos disso? Não se aflija com relação às novas descobertas e progressos da Ciência. Se elas ameaçarem os planos de Deus, Ele irá tratar disso. Se Ele está permitindo descobertas, a nossa questão deveria ser: "Senhor, como Você quer usar essa descoberta para a Sua glória?". Há 500 anos, os cristãos participaram diretamente da invenção da imprensa e do progresso da tipografia e, por causa disso, até hoje, possuem as maiores publicadoras de materiais impressos.[12] A *internet*, que é hoje a maior ferramenta de comunicação, é, no entanto, vista como demoníaca. O que mudou? Deus? Não! Nós, os cristãos, é que mudamos.

---

[12] **Gutenberg**: primeiras impressões. Publicado por *Superinteressante* em 31 de agosto de 1989 e atualizado em 31 de outubro de 2016. Disponível em *https://super.abril.com.br/historia/gutenberg-primeiras-impressoes/*. Acesso em fevereiro de 2021.

A alienação quanto às descobertas que Ele permite acontecer só nos levam à diminuição dos propósitos divinos. Vamos lutar para receber mais uma vez toda a sabedoria da Palavra de Deus para a maravilhosa Ciência e suas revelações sobre o mundo material.

Nota aos profissionais da Ciência

Quando falei sobre esse assunto na Conferência Estudantil de Urbana, no estado de Illinois (EUA), um engenheiro de saneamento, cujo irmão era missionário, veio falar comigo em lágrimas. Por toda a sua vida, o trabalho de seu irmão tinha sido aplaudido como um verdadeiro chamado espiritual. Ele se sentia menos importante por causa da sua profissão "secular" e me disse:

— Ninguém nunca tinha me dito que aquilo que eu faço também é importante para Deus.

Outra vez, quando eu visitava o Togo — que é 40% Evangélico[13] —, vi que as pessoas tinham pichado a frase: "*Ne urine pas ici!*" (ou "Não urinar aqui!") sobre os muros de suas residências e escritórios. Pensei: "Ótimo! Uma parte da mensagem sobre saneamento". Mas, quem irá ensiná-los a outra parte – em qual lugar se deve urinar?

Há alguns anos, uma grande tribo de ciganos pentecostais veio para a Suíça a fim de promover alguns encontros de evangelismo e cura. Eles armaram uma gigantesca lona de circo bem próximo da minha casa e usaram o estacionamento do nosso bosque de trilha para corrida e exercícios, para estacionarem seus carros e *trailers*. Os dois pequenos banheiros da trilha de exercícios e os banheiros de seus *trailers* não eram suficientes para um grupo tão grande. Conforme a semana evangelística progredia, as trilhas do bosque iam se enchendo de fezes e papel higiênico. A princípio, é compreensível ficar com raiva deles, mas, precisamos entender a situação. Essas pessoas aprenderam que Jesus salva e que Ele cura, mas nunca aprenderam que a Bíblia também ensina sobre saneamento básico.

---

[13] JOHNSTONE, Patrick; MANDRIK, Jason. **Intercessão mundial**: edição Século XXI. Monte Verde, Camanducaia-MG: Horizontes América Latina, 2005.

Como um profissional da área da Ciência, você tem um chamado nobre. Vocês são os exploradores, os mordomos da criação material de Deus. Vocês são chamados para conhecê-lO de uma forma especial conforme Ele se revela através das coisas que criou. Vocês são chamados para usar esse conhecimento para abençoar comunidades e nações. Nenhum chamado no Reino de Deus é de segunda categoria. Nenhuma área de revelação é mais ou menos importante que a outra, pois todas foram criadas pelo Senhor para que Ele pudesse se revelar a nós. O pastor tem o trabalho dele e você tem o seu. O missionário ora para que ele seja digno de seu chamado e você também deve orar assim.

O relacionamento de "causa e efeito" que Deus tem com o Homem fica ainda mais evidente nessa área. Ele usa as leis da natureza para revelar Sua grande sabedoria e poder. Você é um dos George Washington Carvers de Deus? Você é chamado para segurar em suas mãos algo criado pelo Senhor e dizer para si, por exemplo: "Deus, Você criou isso aqui, e disse que era bom. Então, para que serve esse amendoim, átomo, DNA, célula, planeta, inseto, árvore?". O céu não é o limite. As revelações divinas se estendem além do *cosmos*. Qual é o alcance disso? Talvez, Ele usará você para revelar isso para nós e nos surpreender mais uma vez. Você é parte da estratégia de Deus para discipular as nações.

Muitos não se sentem chamados por não se sentirem dignos dessas funções. Tudo isso é consequência de um pensamento dicotômico, resultado da ideia de que o "secular" é mau e o "sagrado" é bom, mas isso não é um pensamento bíblico.

CAPÍTULO 9
Igreja

Pois o Senhor tinha dito a Moisés: "Não faça o recenseamento da tribo de Levi nem a relacione entre os demais israelitas. Em vez disso, designe os levitas como responsáveis pelo tabernáculo que guarda as tábuas da aliança [...]". (Números 1.48-50)

A razão de tê-lo deixado em Creta foi para que você pusesse em ordem o que ainda faltava e constituísse presbíteros em cada cidade, como eu o instruí. (Tito 1.5)

Esta afirmação é digna de confiança: se alguém deseja ser bispo, deseja uma nobre função. (1 Timóteo 3.1)

Todos os israelitas eram judeus, mas nem todos os judeus eram sacerdotes. Seguindo a direção de Deus, Moisés escolheu Josué para continuar dando liderança política a Israel, enquanto Arão e a tribo levítica foram escolhidos para o Sacerdócio. Desde o início, ainda no deserto, o Senhor deixou claro que Governo e Sacerdócio eram duas instituições diferentes, ambas com propósitos e obrigações claramente distintas no Reino. Esse conceito de uma estrutura eclesiástica com função independente, à parte do papel global do Corpo de Cristo, tem sido difícil de ser compreendido pelos protestantes desde que Lutero pregou as suas teses na porta de Wittenberg, no ano de 1517.[1] Mas entender a Igreja como instituição é fundamental para se compreender as funções específicas dadas por Deus para cada área da sociedade.

Atualmente, usamos as palavras clero, cristão, convertido, Corpo de Cristo, e Igreja de forma bem misturada. Todos os cristãos são

---

[1] **Martinho Lutero, o monge que revolucionou o mundo**. Publicado por *Deutsche Welle* em 31 de outubro de 2016. Disponível em *https://www.dw.com/pt-br/martinho-lutero-o-monge-que-revolucionou-o-mundo/a-36213487*. Acesso em fevereiro de 2021.

sacerdotes, ministros, Igreja, e parte do Corpo de Cristo. Para facilitar nosso estudo, precisamos diferenciar entre pessoas, prédio e aqueles que trabalham em tempo integral em uma função própria da Igreja, tais como pastores, missionários e evangelistas.

Quando Lutero destacou que somos todos parte do Sacerdócio, ele não quis dizer que não existia uma estrutura ou uma liderança na Igreja. Ele quis dizer que não precisamos de um "sacerdote" para nos representar diante de Deus. Por causa da cruz e de Jesus Cristo em nossas vidas, agora somos livres para nos apresentarmos perante o Senhor. Sob a liderança de Lutero e daqueles que o seguiam, foi desenvolvida uma nova estrutura de igreja, com pastores, presbíteros e diáconos. Como cristãos, somos encorajados a nos congregarmos aos domingos. No entanto, alguns vão ao trabalho, na segunda-feira, no mesmo prédio onde foram congregar. O restante dos cristãos vai para o trabalho em outras funções importantes da comunidade.

A santidade foi ensinada a Israel como um todo, mas a tribo levítica (os sacerdotes) era o exemplo de santidade para a nação. O livro de Levítico focaliza, em sua maior parte, essa função exclusiva da instituição eclesiástica.

A escolha dos sacerdotes

Em Números 1.47-50, nós vemos que a seleção para o Sacerdócio é um processo completamente diferente daquele para a escolha de líderes políticos, por exemplo. Em Deuteronômio 1.13, Deus instrui Moisés e o povo sobre como fazer essa escolha. Na formação do Sacerdócio, é o Senhor quem faz a seleção. A unção para ministrar na ordem eclesiástica vem direto d'Ele (cf. Números 3.12).

Os sacerdotes não eram escolhidos com base em méritos pessoais (cf. Números 3.12; 18.6-7). Deus instituiu a tribo levítica como a tribo dos sacerdotes. Isso não quer dizer que caráter e virtude não importam. As Escrituras são claras quanto ao desejo do Senhor por um Sacerdócio santo. Mas Ele não escolheu a elite virtuosa. Pelo contrário, escolheu uma tribo inteira com todos os níveis de caráter e virtude. Devemos parar e analisar:

qual era a razão de Deus para essa seleção? Estaria Ele querendo enfatizar que ninguém é santo por si mesmo? Que Ele era capaz de tornar qualquer um santo? Que santidade pertence somente a Ele e ninguém é representante dela por natureza? Existem muitas respostas possíveis, mas um fato está bem claro: o Senhor selecionou os ministros eclesiásticos de maneira soberana.

No deserto, os sacerdotes responsáveis pelas coisas mais sagradas não ganhavam carroças (cf. Números 7.9). Enquanto se deslocavam pelo deserto por 40 anos, Israel começou a adquirir coisas. Carroças foram distribuídas entre as tribos. Os levitas receberam apenas algumas carroças e os coatitas, responsáveis por carregar os utensílios mais sagrados do Tabernáculo, não receberam nenhuma. Eles deveriam carregar nos ombros tanto o Tabernáculo como todos os objetos utilizados para as ministrações e para os sacrifícios. Por diversas vezes, Deus os encorajava a ficarem satisfeitos com sua herança especial no Senhor. O resultado de não ganharem carroças e ainda de serem os responsáveis por carregar o Tabernáculo impõe uma limitação na capacidade do Sacerdócio de adquirir riquezas. Isso não significa que deviam viver passando necessidades. No entanto, limitava seu potencial de poder financeiro entre seu povo.

O Sacerdócio deveria receber provisão das ofertas e, de todas as outras tribos, deveria receber pequenas porções de terra para cultivo (cf. Números 18.21-24; 35.2-3; Deuteronômio 18.1; Josué 14.4). Essas instruções tornavam os sacerdotes dependentes do povo ao qual ministravam. Eles tinham toda a autoridade para falar em nome de Deus e representá-lO perante a comunidade, mas não tinham a autoridade total. O Senhor limitou seu poder financeiro e político na comunidade.

O Sacerdócio não recebia território próprio (cf. Números 18.20; Deuteronômio 12.12; Josué 14.4). Havia treze tribos em Israel quando partiram do Egito. Ambos os filhos de José – Efraim e Manassés – receberam do avô Jacó o direito de terem o *status* de tribo. Quando Israel começou a formar o Governo e a se preparar para o futuro em Canaã, Deus foi claro ao dizer que somente doze tribos iriam receber terras. A décima terceira tribo, ou seja, os levitas, que eram a tribo sacerdotal, teria sua herança no

Senhor. Isso significava que eles nunca precisariam formar um Governo nem desenvolver um Exército como as outras tribos receberam instruções para fazer. Os levitas deveriam viver espalhados pelas outras doze tribos e territórios, e ser a representação sacerdotal de Deus para toda a nação.

Os sacerdotes foram também os primeiros a oferecerem cuidados básicos de saúde (cf. Levítico 13 e 14). Até o surgimento da comunidade científica, os sacerdotes eram os responsáveis pelas necessidades básicas de saúde do povo. Se tivessem uma infecção, as pessoas deveriam se dirigir ao sacerdote. Ele os colocaria em quarentena e examinaria novamente alguns dias depois. Os sacerdotes ensinavam leis sobre a alimentação, que eram relacionadas à nutrição e à saúde; oravam e apresentavam as necessidades das pessoas diante de Deus; ofereciam sacrifícios pelos pecados do povo.

Como resultado disso, eles tinham de lidar a todo momento e de maneira pragmática com o mundo material das leis da natureza, e com o mundo invisível da intervenção soberana do Senhor. Ele não permitiu que os levitas desenvolvessem uma mentalidade em que os mundos visível e invisível fossem definidos, respectivamente, como "secular" e "sagrado", estando um sob o domínio do ser humano e o outro sob o domínio de Deus. Como representantes do Senhor, eles tinham de atender ao povo em suas necessidades práticas dia após dia, assim como às necessidades da alma.

Já os profetas ungiam os reis, mas não os escolhiam (cf. 1 Samuel 9.16; 10.1). Vemos isso logo no início, quando Israel pede um rei a Samuel, o profeta da época, que, por sua vez, consultou a Deus. O Senhor não gosta da ideia, mas os sacerdotes e os profetas não controlavam a decisão do povo. O povo tinha o controle e terminou por decidir que teriam um rei, mesmo contra a vontade divina. Então, Ele diz a Samuel para ungir Saul e orar por ele, pois, já que Israel insistia em ter um rei, Sua indicação era aquele homem. Ainda assim, ele não é "decretado" rei de maneira oficial ao ser ungido. Afinal, apenas o povo poderia dar a Saul a autoridade para governar. Assim, ele não foi reconhecido como governante até que todo o povo se reuniu em Gilgal e o proclamou como rei na presença do Senhor (cf. 1 Samuel 11.14-15). Praticamente o mesmo processo aconteceu na seleção de Davi e Salomão. A tribo levítica possuía influência política, mas não eram políticos em si. A autoridade do Sacerdócio era limitada, assim como a autoridade em todas as outras áreas da sociedade.

Segundo as Escrituras, a confusão entre autoridade política e sacerdotal resultou em graves consequências. Dois exemplos se destacam. O primeiro é o incidente que está em 1 Samuel 13.1-13. Saul tinha ido para a guerra e saiu vitorioso. Ele e suas tropas estavam no campo de batalha esperando que o profeta Samuel chegasse para oferecer o sacrifício a Deus antes que eles retornassem para casa.

Samuel estava atrasado e Saul ficou impaciente. Finalmente, Saul decidiu que ele mesmo iria oferecer o sacrifício. Quando Samuel chegou, ele perguntou a Saul: "O que você fez? Hoje o seu reino lhe é tirado". Saul não estava satisfeito em ter recebido de Deus apenas a liderança política. Ele queria ter mais poder. Ele queria também a autoridade sacerdotal sobre o povo e acabou perdendo seu reino por confundir esses dois domínios. Encontramos uma confusão parecida na vida de Davi.

Davi amava o Senhor e tinha prazer em adorá-lO. Ele usou seu poder político para ajudar a desenvolver o Sacerdócio, o Tabernáculo e, por último, o Templo. Essa ajuda não parece ser criticada nas Escrituras. Contudo, em certa ocasião, Davi confundiu seu papel de rei com o papel do sacerdote e as consequências foram muito sérias. Davi havia sido escolhido como rei em Israel e, com sucesso, derrotara os filisteus e conquistara Jerusalém. Mas um exército invasor tinha roubado a Arca da Aliança. Em 2 Samuel 6.1, Davi decidiu que era hora de buscar a Arca de volta. Mais uma vez, ele reuniu os melhores guerreiros de Israel, trinta mil ao todo, e conduziu essa tarefa como uma empreitada militar. Como rei, ele usou a força do exército para trazer de volta um bem sagrado e o Senhor não podia abençoar essa atitude. Quando chegaram à eira de Nacom, Uzá esticou o braço e segurou a Arca, porque os bois que a carregavam haviam tropeçado. Quando Uzá caiu morto, Davi soube que Deus não estava de acordo com aquela iniciativa. Ele clamou: "[...] Como vou conseguir levar a arca do Senhor?" (2 Samuel 6.9). Davi guardou-a na casa de Obede-Edom e, derrotado, retornou para Jerusalém, mas a história não termina aí. No mesmo capítulo, Davi volta para recuperar a Arca, mas, dessa vez, vai acompanhado por levitas, os quais oferecem sacrifícios a cada seis passos. Dessa vez, ela foi carregada como Moisés ordenara em Deuteronômio 10.8 e como depois Salomão entendeu em 1 Reis 8.3-4. Em vez de sua vestimenta de guerra, Davi vestiu um colete sacerdotal de linho, mas ele mesmo não tocou a Arca. O povo seguia com uma procissão de adoração e louvor, e não de poder militar. O Senhor respondeu à pergunta de Davi sobre como transportar a Arca em 1 Crônicas 15.2, deixando claro que Ele tinha dado essa autoridade aos sacerdotes, e não ao rei.

Da mesma forma, os profetas eram conselheiros do rei, mas não eram reis. Deus não deu a autoridade total de Seu reino para nenhuma das áreas da comunidade, nem para pessoa nenhuma. O Sacerdócio tinha autoridade, mas não a autoridade total. Os políticos de Israel tinham autoridade também, mas eram diferentes dos sacerdotes. Conforme a direção de Deus, eles tinham de trabalhar juntos em um sistema de controle mútuo. Toda Israel deveria ser santa, mas os sacerdotes eram os exemplos de santidade para a comunidade. O livro de Levítico contém instruções básicas para o Sacerdócio, ensinando-os sobre como deveriam viver e se conduzir. Eles tinham uma função específica na comunidade, mas essa não era a única responsabilidade determinada pelo Senhor.

Secular x sagrado

Nosso pensamento dividido entre secular e sagrado provavelmente se revela mais na área eclesiástica que em todas as outras. Hoje, é comum entre os cristãos a ideia de que, se for "espiritual de verdade" e "obediente a Deus", você se tornará um pastor, um missionário ou um evangelista. Muitos cristãos acreditam que as outras vocações são menos importantes. O resultado desse pensamento é que a maioria dos cristãos de hoje em dia se sentam nos bancos das igrejas sem ter a menor ideia sobre o que o Senhor os chamou para fazer, esperando que o pastor e a liderança façam tudo por eles. Mas essa nunca foi a intenção de Deus. Em Seu plano, cada um tem o seu papel na tarefa de alcançar e ensinar a comunidade. A função "sacerdotal" era única, específica e era só uma entre muitas outras.

Jesus também manteve cada função em seu devido lugar. Ao ver que os cambistas tinham montado suas mesas dentro do templo, Ele os expulsou. Ele não disse que a troca de dinheiro era errada. Ele disse que a casa de Seu Pai não era lugar para isso. Ele enfatizou a finalidade daquele local de reuniões eclesiásticas como uma "Casa de Oração" (cf. Mateus 21.12-13; Marcos 11.15-17; Lucas 19.45-46).

Se nós queremos ver "todas as criaturas alcançadas" e "todas as nações discipuladas", temos de reaprender qual é a função específica da instituição eclesiástica e como ela deve se relacionar com o chamado e a autoridade de cada uma das outras aéreas da sociedade.

Guia de Estudo

Temas para procurar na Bíblia quando você estiver estudando e colorindo o que as Escrituras dizem sobre ordem eclesiástica: **rituais religiosos; oração; ofertas; sacrifícios; sacerdotes; adoração; dízimo; banquetes; idolatria; pactos; o Tabernáculo; o Templo**.

A área da Igreja revela: **O Sumo Sacerdote**.

O principal atributo de Deus revelado através da Igreja: **Santidade e Misericórdia**.

Deus governa essa área através de: **Sua escolha e unção soberanas**.

Definindo a missão

A ordem eclesiástica é chamada para ser representante de Deus para o povo, e do povo para Deus, oferecendo discipulado a todos os cristãos sobre a natureza e o caráter divino, sobre Sua Palavra aplicada na prática, a fim de facilitar a expressão dessa fé nos cultos e nos sacramentos da Igreja, sendo um exemplo moral dos padrões absolutos da Verdade de Deus. Grandes questões abrangem: chamar a sociedade para um maior compromisso em relação à Palavra de Deus.

Nota a todos os cristãos

Hoje, muitos cristãos estão sentados nas igrejas do mundo, desejando ter um "verdadeiro" chamado para ser um pastor ou um missionário. Pensam que seriam mais "espirituais" dessa forma. Muitos não se sentem chamados por não se sentirem dignos dessas funções. Tudo isso é consequência de um pensamento dicotômico, resultado da ideia de que o "secular" é mau e o "sagrado" é bom, mas isso não é um pensamento bíblico. Se você é chamado por Deus para trabalhar com Família, Governo, Negócios, Ciência, Educação, Artes ou Comunicação, esse chamado não é menos importante que o de ministrar dentro da estrutura da Igreja. Você é chamado para uma vocação diferente disso, que é tanto um chamado do Senhor, quanto essencial se comparado aos que ministram. Discipular as nações, é uma estratégia de saturação. Levamos as verdades, nas raízes de cada área da sociedade, através da vida de cada cristão.

Temos colocado por tempo demais todo o peso do trabalho de Deus sobre os ombros dos pastores e dos obreiros. Chegou a hora de carregarmos nossas próprias responsabilidades. Em que área você vai influenciar a sociedade? É hora de sermos gratos pelas portas que o Senhor tem aberto em nossas vidas profissionais e, com determinação, exercermos nossas profissões como um chamado de Deus.

Nota a todos os pastores e obreiros

É bem provável que alguns ficaram aliviados com o que eu disse neste capítulo, outros sentiram-se ameaçados. No século XX, havia uma expectativa de que os pastores e os missionários fossem tudo para todos. Quando discutimos sobre "discipular as nações", alguns pensam que todo o trabalho é de responsabilidade deles. E alguns esperam que seja mesmo. Qualquer que seja sua perspectiva, temos de pedir por uma revelação clara do destino que o Senhor tem para nós mesmos e para cada um de nossos seguidores. Somente quando a maior parte do Corpo de Cristo que não tem chamado para a Igreja (ministérios pastorais e missionários) for legitimado naquilo para que Deus os chamou é que o restante, com chamado para o ministério de tempo integral, conseguirá nos direcionar melhor.

Alguns, no ministério, têm questionado: "Por que estamos por aí falando sobre discipular as nações em vez de fazê-lo?". Não tenho certeza do que eles querem dizer com isso, contudo, sei que é responsabilidade do Sacerdócio ensinar e trazer entendimento ao Corpo de Cristo quanto ao seu trabalho. Nossa responsabilidade não é abrir negócios ou bancos, mas ensinar aos homens de Negócios e banqueiros todos os conselhos de Deus relacionados ao chamado deles; não é liderar o Governo e escrever as constituições, porém ensinar àqueles que são chamados por Ele para essa vocação sobre como agir de acordo com a Sua Palavra. Nossa função não é sermos pais das famílias da Igreja, mas ensiná-los a exercerem seu papel conforme Deus planejou.

Isso é tão simples e claro que, às vezes, fico perplexa com toda a confusão que existe quanto a esse aspecto. A única explicação que tenho para toda essa confusão é que temos, por tanto tempo, aceitado essa divisão entre o sagrado e o secular, que ficamos incapazes de aceitar como divinas as vocações que não pertencem à estrutura "eclesiástica".

Depois dos cultos aos domingos, deveríamos estar enviando os membros para casa preparados para serem embaixadores de Cristo, com sabedoria específica em cada uma de suas áreas de atuação. Se nós queremos ver novamente uma geração preparada para trazer diferenciais qualitativos, não só em suas vidas, como em suas comunidades, teremos de reintroduzir uma teologia adequada tanto ao leigo quanto ao Sacerdócio. A instituição da Igreja tem um papel vital no discipulado das nações, mas temos de entender bem qual é o papel de cada um.

De todas as categorias do Reino de Deus, a Família é, provavelmente, a mais discutida e estudada pelos cristãos. Chegamos ao ponto de basearmos nossas plataformas políticas em "valores da Família" e, ainda assim, o índice de divórcios continua subindo.

CAPÍTULO 10
Família

> Honra teu pai e tua mãe, como te ordenou o Senhor, o teu Deus, para que tenhas longa vida e tudo te vá bem na terra que o Senhor, o teu Deus, te dá. (Deuteronômio 5.16)

> [...] Guardem no coração todas as palavras que hoje lhes declarei solenemente, para que ordenem aos seus filhos que obedeçam fielmente a todas as palavras desta lei. Elas não são palavras inúteis. São a sua vida [...] (Deuteronômio 32.46-47)

De todas as categorias do Reino de Deus, a Família é, provavelmente, a mais discutida e estudada pelos cristãos. Chegamos ao ponto de basearmos nossas plataformas políticas em "valores da Família" e, ainda assim, o índice de divórcios continua subindo. Em algumas regiões, beira aos 60% e não há uma diferença significativa entre a população cristã e a não cristã.[1] Por que o poder de Deus consegue salvar nossas almas e não consegue restaurar nossas famílias?

Durante a última década, na qual passei colorindo as Escrituras por categoria para tentar entender os pensamentos do Senhor sobre cada área das nossas vidas, nada me impactou mais que a visão de Deus sobre a Família, a sua influência e o seu papel na sociedade. Não tenho um versículo-chave para estudar aqui, mas são milhares de versículos que falam sobre casamento, filhos, parentes, conflitos, conduta sexual, herança, Família e Finanças, Família e Justiça, Família e Educação, e muito mais.

---

[1] N.E.: **Países como Ucrânia, Turquia e República Tcheca registraram, respectivamente, 153.949, 142.448 e 24.313 divórcios somente no ano de 2018.** Pesquisa publicada por *Countryeconomy.com* em 2018. Disponível em *https://pt.countryeconomy.com/demografia/divorcios*. Acesso em fevereiro de 2021.

FAMÍLIA

80% de tudo o que sabemos aprendemos em casa

Assim como a Comunicação e Educação, a Família provê a base de sustentação para o trabalho do Governo e da Igreja. A sua influência está em tudo e em todos. Dizem que, quando chegamos aos quatro anos de idade, já definimos 80% da nossa visão da vida. Ao começar a frequentar a escola, por exemplo, já sabemos se somos bons ou ruins, se o mundo é um lugar seguro ou perigoso, se somos inteligentes ou estúpidos, e se devemos confiar ou ter medo das pessoas. Teremos aprendido a estratégia de viver fazendo perguntas ou construindo defesas. Já saberemos se um desafio é algo excitante ou perigoso. Ininterruptamente, iremos continuar a avaliar a vida e o mundo em que vivemos através dessa perspectiva que desenvolvemos da realidade. De acordo com a nossa atual terminologia cristã, poderíamos dizer que adquirimos a maior parte da nossa cosmovisão antes até de começarmos a frequentar a escola. Em outras palavras, durante os primeiros quatro anos de vida, nossos pais e o ambiente do lar nos dão a definição de realidade que iremos usar pelo resto de nossas vidas.[2]

Um exemplo impressionante dessa influência da Família é o cenário cultural da Nova Zelândia. A população dessa pequena ilha é dividida, na sua maioria, entre os povos indígenas *māori* e descendentes de europeus, mas também conta com uma parcela expressiva de asiáticos e imigrantes de outros países.[3] De muitas maneiras, o cotidiano da Nova Zelândia é integrado nas escolas, lojas, transporte, notícias, mídia e entretenimento, vestuário e esportes. No entanto, a cosmovisão e a cultura dos *māoris* e dos europeus na Nova Zelândia são tão diferentes, que parece que eles vivem em lados opostos do mundo. Como isso é possível? Onde esses valores e perspectivas tão diferentes da realidade são aprendidos? Em casa! Com a família! Praticamente sem querer.

---

[2] N.E.: Trata-se do estudo do desenvolvimento infantil sob perspectiva sociointeracionista. Mais informações: CRAIDY, Carmem; KAERCHER, Gládis. **Educação infantil: pra que te quero?** São Paulo: Artmed, 2001.

[3] **O povo da Nova Zelândia**. *100% Pure New Zealand*. Disponível em *https://www.newzealand.com/br/feature/new-zealand-people/*. Acesso em fevereiro de 2021.

Numa época em que nos concentramos em quase tudo menos na família (filmes, TV, música, escola, amigos), Deus coloca seu olhar diretamente sobre ela, elegendo-a como a influência mais importante na sociedade. A visão bíblica geral nos deixa com um enorme senso de que para o Senhor a Família é sagrada, e é o alicerce mais importante de tudo o que Ele criou, sendo responsável pelo atributo mais precioso: o amor! Não é à toa que ela é tão atacada.

Cântico dos Cânticos

Poucos assuntos ganharam um livro inteiro na Bíblia: o amor e a antecipação ao casamento são alguns deles. Quando Deus dá tanta atenção a alguma coisa, temos de fazer o mesmo. Cântico dos Cânticos celebra os entusiasmantes altos e baixos das emoções do amor e da antecipação de sua expressão física no casamento. Os cristãos são acusados de terem uma visão limitada sobre o sexo, mas o Senhor demonstra claramente que sexo é uma ideia boa. Esse livro é uma demonstração da alegria, conforto e prazer do casamento. E não é celebrado apenas pela noiva e pelo noivo, mas também pelos seus amigos e pela comunidade como um todo. A mensagem não poderia ser mais clara: o amor, o casamento e o sexo são bons. Família é uma coisa boa.

Os capítulos primeiro e segundo de Gênesis também preparam o cenário para a importância dos homens e mulheres trabalharem juntos. Deus disse que precisa tanto de ambos para a revelação completa da Sua imagem e os abençoa, fazendo da Família a Sua principal estratégia para encher a Terra com a revelação de quem Ele é.

> Criou Deus o homem à sua imagem, à imagem de Deus o criou; homem e mulher os criou. Deus os abençoou, e lhes disse: "Sejam férteis e multipliquem-se! Encham e subjuguem a terra! Dominem sobre os peixes do mar, sobre as aves do céu e sobre todos os animais que se movem pela terra". (Gênesis 1.27-28)

No capítulo terceiro, podemos ver que o Inimigo tem um plano diferente. Em primeiro lugar, ele quer ver a separação entre o Homem e Deus e, em segundo lugar, quer criar hostilidade e desconfiança entre o homem e a mulher. Esses resultados devastadores podem ser vistos hoje, quando vemos a Família, uma criação tão sagrada, virando um campo de guerra em todas as sociedades do mundo. Homens divorciados têm maior propensão ao sofrimento profundo.[4] Lares destruídos podem produzir um grande número de sociopatas com pouco ou nenhum respeito pela sociedade. Ruína financeira e pobreza seguem os divórcios e a próxima geração é mutilada antes mesmo de ter uma chance. Essas são as más notícias com relação à Família. Mas quais são as boas notícias? Qual foi a intenção de Deus na criação?

Ao continuarmos lendo Gênesis, vemos que Ele destaca a origem do *cosmos*, do indivíduo, da Família, das tribos, e, finalmente, das nações. A idolatria ocidental ao individualismo quase que cegou o nosso entendimento bíblico quanto à importância da Família e da comunidade. Os atributos de Deus, em sua maioria, não podem ser vistos ou ensinados de maneira isolada. O conceito de que viver completamente sozinho seria o paraíso pode parecer poético, mas é estéril. Você não pode expressar amor, justiça, amizade, generosidade e sabedoria se você estiver sozinho em uma ilha. As ideias e as características mais fantásticas do Senhor são reveladas ao vivermos juntos. E começamos a aprender esses atributos nas nossas famílias.

Família: a raiz de todas as culturas

Ao acompanharmos o desenvolvimento do Homem através da narrativa de Gênesis, podemos observar que características peculiares a certos indivíduos começam a se fortalecer e a se multiplicar em suas famílias. Então, conforme a família cresce, essas mesmas características se amplificam

---

[4] **A longo prazo, a dor da separação atinge mais os homens do que as mulheres**. Publicado por *O Globo* em 12 de agosto de 2015. Disponível em *https://oglobo.globo.com/ela/a-longo-prazo-dor-da-separacao-atinge-mais-os-homens-do-que-as-mulheres-17156643*. Acesso em fevereiro de 2021.

na tribo, na nação e na cultura. Veja, por exemplo, a tendência de Abraão de ser manipulador, às vezes até desonesto, especialmente no que se refere às mulheres da família. No capítulo 12 de Gênesis, para se proteger, Abraão engana o faraó sobre a natureza de seu relacionamento com Sara. Apesar das promessas de Deus no capítulo 15, Abraão se deixa convencer a ter um herdeiro através de uma concubina e, então, inicia-se a história dos ancestrais de Ismael (cf. Capítulo 16). No capítulo 20, ele novamente enfrenta perigo e mente a Abimeleque sobre sua esposa. Isaque nasce e se casa com Rebeca, e no capítulo 26, também para proteger sua vida do perigo, repete a característica familiar, mentindo sobre a natureza de seu relacionamento com sua esposa. Jacó então entra na história e, com o auxílio de sua mãe, engana Isaque com relação à sua identidade para poder roubar a bênção de Esaú. Jacó então foge para a casa de parentes, em Padã-Arã, onde conhece sua parceira na família de seu tio e futuro sogro, Labão. A partir desse momento, começa uma guerra entre Jacó e Labão. Os dois passam anos tentando ver quem ganharia a questão sobre Raquel. É possível perceber a repetição e a ampliação do padrão de pecado? Quando Jacó foge de Labão e instala sua pequena tribo em Siquém, vícios pessoais de caráter, os quais se tornaram traços familiares destrutivos, explodem em um desastre tribal. No capítulo 34, a filha de Jacó é violentada pelo príncipe de Siquém, que sente remorso e, na verdade, ama Diná e é amado por ela. Os filhos de Jacó, em nome da honra da família e das muitas riquezas adquiridas, enganaram e, por fim, assassinaram todos os homens da tribo siquemita.

Um traço de caráter faz seu percurso, torna-se parte da identidade cultural e resulta em genocídio. Essa característica de traição se aloja na família até José, levando Israel ao Egito para mais de 400 anos de exílio e escravidão. Por sua vez, José também se depara com muitas oportunidades de enganar ao ser tratado com injustiça por Potifar e sua mulher, pelo copeiro, pelo padeiro e, por fim, com muita tentação, pelos seus próprios irmãos. Mas ele se recusa a enganar e é usado por Deus para salvar sua família, sua tribo, e a nação que o hospedava de um grande período de fome. Claro que o Senhor nos ensina diversas coisas em Gênesis, mas, com certeza, um dos temas principais é a influência de indivíduos nas Famílias, das Famílias nas comunidades, e finalmente, das comunidades nas tribos. O discipulado das nações começa em casa!

Família: a primeira linha de defesa — Valores (educação)

Uma das primeiras coisas que me chamou a atenção no estudo sobre a Família foi a ênfase dada ao tempo que pais e filhos têm de passar juntos e como esse tempo deve ser usado. Vez após vez, você encontra frases, como: "quando você caminhar, deitar-se, levantar-se" (cf. Deuteronômio 6.7), "quando você se sentar" (cf. Deuteronômio 11.19), "escreva [a Palavra] nos batentes das portas de sua casa e em seus portões" (cf. Deuteronômio 6.9). Essas são instruções dadas aos pais sobre como ensinar seus filhos os princípios de Deus para todas as áreas da vida, e sobre ser um exemplo de como esses princípios devem ser vividos no dia a dia. As Escrituras não só reforçam a responsabilidade e a autoridade dos pais, mas mostram que o envolvimento do Governo e da Igreja no discipulado inicial das crianças deve ser praticamente ausente.

Ouvimos sempre muita reclamação sobre a falta de responsabilidade das nossas escolas, igrejas, e da indústria de entretenimento quanto a ensinar bons princípios às nossas crianças, mas essa responsabilidade, Deus deu aos pais, e não a eles. Não estou querendo defender a imoralidade, a violência e as drogas. No entanto, ao culparmos a indústria de entretenimento, o Governo, as escolas, as ruas e as armas pelos problemas das crianças, não estamos vendo as coisas como o Senhor vê. Estamos dizendo, na essência: "Tornem o mundo mais seguro para que meus filhos estejam seguros." Isso está longe da perspectiva bíblica da realidade, que ensina que para que seus filhos andem seguros em um mundo inseguro, os pais devem ensinar e ser exemplos do que eles precisam saber e entender. O pecado é real e estamos cercados pela maldade. Ensinem seus filhos a escolher o bem ao invés do mal!

Percebemos nas Escrituras que isso leva tempo, e que pais e filhos devem fazer as coisas juntos e usando todas as oportunidades para discutirem como a perspectiva divina sobre a vida está relacionada ao nosso cotidiano. Será que podemos esperar que nossos filhos levem esses princípios a sério se não os virem nas vidas de seus pais? Quando chegam à idade escolar, as crianças já sabem, pela maneira como seus pais vivem, se honestidade, justiça, integridade, coragem e se outros atributos de caráter são ou não importantes. Claro que a escola, os professores, os pastores, a escola dominical, amigos e a cultura podem ter grande influência, mas o lar é a influência principal na formação da criança e, aos olhos de Deus, claramente, a mais importante. É a perspectiva de realidade que as crianças usarão para interpretar todas as outras influências que terão em suas vidas.

Família: a primeira linha de defesa — Moralidade

Se obedecêssemos apenas a um dos mandamentos de Deus, como a proibição do adultério (cf. Êxodo 20.14), nós praticamente eliminaríamos:

- **Incesto:** em algumas regiões da África do Sul, o incesto é responsável pela maioria dos casos de abuso sexual;[5]
- **Pedofilia:** estima-se que aproximadamente 10 milhões de pessoas estão envolvidas na exploração de crianças e adolescentes;[6]
- **Aborto:** em 2019, 81% dos abortos realizados na Inglaterra e no País de Gales foram realizados por mulheres solteiras;[7]

---

[5] **A third of girls in South Africa experience some form of violence, often from someone they know**. Publicado por *Unicef*. Disponível em *https://www.unicef.org/southafrica/child-protection*. Acesso em fevereiro de 2021.

[6] N.E.: Somente no estado de São Paulo, entre os anos de 2011 e 2012, foram registradas 3.117 denúncias de abuso sexual contra crianças e adolescentes. Informações disponíveis em *https://www.al.sp.gov.br/noticia/?id=33523*. Acesso em fevereiro de 2021.

[7] **Abortion statistics, England and Wales**: 2019. Publicado por *Department of Health & Social Care* em 11 de junho de 2020. Disponível em *https://assets.publishing.service.gov.uk/government/uploads/system/uploads/attachment_data/file/891405/abortion-statistics-commentary-2019.pdf*. Acesso em fevereiro de 2021.

- **Doenças sexualmente transmissíveis:** entre 2008 e 2018, os diagnósticos de sífilis no Reino Unido aumentaram 162%;[8]
- **Estupro:** estima-se que 3,1 milhões de adultos de 18 a 74 anos foram vítimas de abuso sexual antes dos 16 anos no Reino Unido.[9]

Não é impressionante? Hoje, nós cristãos ficamos chocados com a imoralidade sexual. Mas, na Bíblia, Deus parecia já tomar por certo que essas coisas aconteceriam. As Escrituras parecem não ter medo de admitir que os seres humanos iriam querer praticar sexo com quase tudo e todos. Por que outra razão haveria a longa lista em Deuteronômio e Levítico sobre com quem e com o que não se deve ter relacionamento sexual? Devemos ter adquirido, em algum lugar qualquer, a ideia de que moralidade sexual é a norma e os desvios, as exceções. O Senhor demonstra pensar exatamente ao contrário, tanto no Antigo como no Novo Testamento. Dê uma olhada nesta passagem:

> Obedeçam aos meus decretos e ordenanças, pois o homem que os praticar viverá por eles. Eu sou o Senhor. Ninguém poderá se aproximar de uma parenta próxima para se envolver sexualmente com ela. Eu sou o Senhor. Não desonre o seu pai, envolvendo-se sexualmente com a sua mãe. Ela é sua mãe; não se envolva sexualmente com ela. Não se envolva sexualmente com a mulher do seu pai; isso desonraria seu pai. Não se envolva sexualmente com a sua irmã, filha do seu pai ou da sua mãe, tenha ela nascido na mesma casa ou em outro lugar. Não se envolva sexualmente com a filha do seu filho ou com a filha da sua filha; isso desonraria você. Não se envolva sexualmente com a filha da mulher do seu pai, gerada por seu pai; ela é sua irmã. Não se envolva sexualmente com a irmã do seu pai; ela é parenta próxima do seu pai. Não se envolva sexualmente com a irmã da sua mãe; ela é parenta próxima da

---

[8] **Addressing the increase in syphilis in England**: PHE Action Plan | June 2019. Publicado por *Public Health England*. Disponível em *https://assets.publishing.service.gov.uk/government/uploads/system/uploads/attachment_data/file/806076/Addressing_the_increase_in_syphilis_in_England_Action_Plan_June_2019.pdf*. Acesso em fevereiro de 2021.

[9] **Child abuse in England and Wales**: january 2020. Publicado por *Office for national statistics* em 14 de janeiro de 2020. Disponível em *https://www.ons.gov.uk/peoplepopulationandcommunity/crimeandjustice/bulletins/childabuseinenglandandwales/january2020#:~:text=The%20Crime%20Survey%20for%20England,years%20(8.5%20million%20people)*. Acesso em fevereiro de 2021.

sua mãe. Não desonre o irmão do seu pai aproximando-se da sua mulher para com ela se envolver sexualmente; ela é sua tia. Não se envolva sexualmente com a sua nora. Ela é mulher do seu filho; não se envolva sexualmente com ela. Não se envolva sexualmente com a mulher do seu irmão; isso desonraria seu irmão. Não se envolva sexualmente com uma mulher e sua filha. Não se envolva sexualmente com a filha do seu filho ou com a filha da sua filha; são parentes próximos. É perversidade. Não tome por mulher a irmã da sua mulher, tornando-a rival, envolvendo-se sexualmente com ela, estando a sua mulher ainda viva. Não se aproxime de uma mulher para se envolver sexualmente com ela quando ela estiver na impureza da sua menstruação. Não se deite com a mulher do seu próximo, contaminando-se com ela. Não entregue os seus filhos para serem sacrificados a Moloque. Não profanem o nome do seu Deus. Eu sou o Senhor. Não se deite com um homem como quem se deita com uma mulher; é repugnante. Não tenha relações sexuais com um animal, contaminando-se com ele. Mulher nenhuma se porá diante de um animal para ajuntar-se com ele; é depravação. Não se contaminem com nenhuma dessas coisas, porque assim se contaminaram as nações que vou expulsar da presença de vocês. (Levítico 18.5-24)

Deus poderia ter economizado muito tempo se tivesse resumido tudo isso em: "Não tenha relações sexuais com ninguém a não ser sua esposa". Mas Ele está definindo o que Ele quer dizer com a palavra "adultério" e enfatizando a destruição que a imoralidade causa, principalmente na família. Não devemos pensar, então, que sexo fora da Família não é pecado. O Senhor só está realçando que a imoralidade sexual dentro da Família causa várias vítimas — os dois envolvidos no ato sexual e as famílias que os cercam.

Atualmente, nós da comunidade religiosa parecemos dar ênfase à devastação da prostituição e da homossexualidade, enquanto quase que ignoramos o adultério, o abuso sexual e o incesto, que estão desenfreados na mesma intensidade. Eu nunca ouvi um sermão sobre incesto ou estupro, e o impacto que causam na sociedade. Não estou argumentando aqui que deveríamos desculpar qualquer comportamento sexual destrutivo. Estou apenas dizendo que paramos de ver, pela perspectiva de Deus, a gravidade dessas questões. Não levamos tão a sério o divórcio e o adultério, mesmo na Igreja.

Como podemos criar filhos que irão resistir ao ataque sexual do mundo se eles não veem moralidade em seus lares? Como podemos ter filhos confiantes e corajosos para enfrentarem o mal, quando tantos segredos de família comunicam uma mensagem contrária ao que Deus diz? Não devemos nos chocar com as coisas que o Senhor já previa que iria acontecer? E se não ensinarmos nossos filhos em casa a amarem e respeitarem seus corpos e a verem o sexo como um ato sagrado de Deus dentro da aliança do casamento, ninguém os ensinará? Por favor, não pense que eles não irão descobrir o sexo até que "seja a hora". Quando estivermos atacando os programas das escolas e do Governo que ensinam sobre conduta sexual, vamos nos lembrar de que o Senhor deu aos pais a responsabilidade de ensinarem e de serem exemplo desses princípios aos seus filhos. Se eles não fizeram, alguém o fará. E Deus quer que esse dever seja seu.

Família: a primeira linha de defesa — Provisão

Tanto no Antigo como no Novo Testamento, a Família é a primeira linha de proteção contra a pobreza e contra a ruína financeira. A definição de destituído e de quem deveria alimentar o destituído foi uma das primeiras discussões da Igreja. Em 1 Timóteo 5, Paulo deixa claro que, se a pessoa em necessidade tiver família, esta deve assumir responsabilidade e cuidar dela. Somente se a pessoa não possui alternativa alguma, por exemplo, nem família ou trabalho, então a Igreja deve dar assistência. O costume dos fariseus era dar o dízimo de tudo, até das ervas de sua cozinha. Jesus os repreendeu por estarem dando menta como dízimo, mas deixando seus pais sem auxílio financeiro (cf. 1 Timóteo 5.8; Mateus 23.23).

O livro de Rute conta a sua história juntamente com sua sogra Noemi, ambas viúvas. Refugiadas, sem filhos e sem recursos em uma terra estrangeira, elas retornam para a cidade de origem da família de Noemi, em Israel. Lá, elas encontram auxílio recolhendo as sobras dos campos de Boaz, o parente mais próximo que tinham, e que, com o seu direito como "resgatador", casa-se com Rute (cf. Rute 4), e a traz com Noemi para dentro de sua casa. Que conceito maravilhoso, o resgatador! Para Deus, a primeira linha de responsabilidade para com aqueles em dificuldades financeiras é a Família, não a Igreja, comunidade ou Governo.

Em geral, a cultura judaica ainda funciona assim. Já viajei para quase metade de todas as nações do mundo e é muito raro encontrar um judeu em estado de pobreza, mesmo nos países mais pobres. Quando eles imigram para um país, alguns da família vão primeiro, estabelecem-se, e, então, trazem os próximos e os ajudam e assim por diante. Eles podem não ser ricos, mas não passam necessidades e, raramente, dependem de alguém de fora da família. Isso não é só uma questão de inteligência, mas são os princípios de Deus sobre a responsabilidade da Família sendo aplicados.

No mundo individualista em que vivemos hoje, valorizamos a autoconfiança. Isso não é de todo ruim, mas, nas Escrituras, está claro que o Senhor equilibra independência com responsabilidade da Família e da comunidade. A visão moderna sobre Família está contribuindo com a pobreza e ruína econômica dos indivíduos e da sociedade.

Família: a primeira linha de defesa — Justiça

Deuteronômio 21.15-21 pode ser perturbador se estamos lendo em busca da aplicação, e não do princípio:

> Se um homem tiver duas mulheres e preferir uma delas, e ambas lhe derem filhos, e o filho mais velho for filho da mulher que ele não prefere, quando der a herança de sua propriedade aos filhos, não poderá dar os direitos do filho mais velho ao filho da mulher preferida, se o filho da mulher que ele não prefere for de fato o mais velho. Ele terá que reconhecer o filho da mulher que ele não prefere como filho mais velho, dando-lhe porção dupla de tudo o que possui. Aquele filho é o primeiro sinal da força de seu pai e o direito do filho mais velho lhe pertence. Se um homem tiver um filho obstinado e rebelde que não obedece ao seu pai nem à sua mãe e não os escuta quando o disciplinam, o pai e a mãe o levarão aos líderes da sua comunidade, à porta da cidade, e dirão aos líderes: "Este nosso filho é obstinado e rebelde. Não nos

obedece! É devasso e vive bêbado". Então todos os homens da cidade o apedrejarão até a morte. Eliminem o mal do meio de vocês. Todo o Israel saberá disso e temerá.

Essa passagem não é um ensino a favor da poligamia ou da pena de morte para adolescentes. Na época em que Moisés a escreveu, as tribos eram polígamas e violentas. A ordem do "olho por olho e dente por dente" já era uma tentativa de conter o sistema em que eles pagavam violência com mais violência (cf. Gênesis 4.23-24). Deus nunca foi ignorante com relação à realidade do povo que estava discipulando; Ele é realista. Discipulado leva tempo e um passo dado na direção correta já é um bom avanço. Ao estudarmos a Bíblia como um todo, vê-se que a monogamia é obviamente o ideal divino, mas, naquela época da História, eles eram polígamos e, mesmo dentro daquele sistema indesejado, deveria existir justiça. A imensa importância dessa passagem e de outras leis parecidas é que "todos os membros de uma família têm direitos, sejam homens, mulheres ou crianças" e "todos os membros da família têm a responsabilidade de respeitar e cumprir esses direitos".

Não há registro nas Escrituras sobre qualquer adolescente rebelde sendo apedrejado. E não acho que é para se surpreender. A importante mensagem desse texto é a ênfase na responsabilidade dos pais. Os pais devem investir tempo e ser responsáveis pela disciplina. Se isso não estiver adiantando, eles devem então trazer o adolescente para os líderes. É responsabilidade da comunidade decidir se os pais fizeram todo o possível e se o adolescente é realmente incorrigível. Outra passagem ensina que são os pais que devem liderar a aplicação do castigo. O princípio não é "adolescentes rebeldes devem ser apedrejados". O princípio que Deus está querendo ensinar aqui é que "os pais são responsáveis pelas ações de seus filhos".

No livro de Ester, vemos um exemplo maravilhoso de responsabilidade familiar sendo cumprido. Ester era uma órfã e uma refugiada. Por isso, Mordecai, seu primo, criou a menina como se fosse sua filha. Ele foi um instrumento essencial para que ela se tornasse a rainha da Pérsia. Mordecai foi um exemplo de paixão por justiça não somente dentro de sua família, mas também em sua comunidade. Quando o rei pagão, que mantinha os judeus em exílio, estava correndo o risco de ser assassinado, foi Mordecai quem descobriu e o avisou sobre a conspiração, salvando a sua vida (cf. Ester 2.21). Ele pede, então, que Ester use sua posição de rainha e salve o povo judeu de uma conspiração de genocídio planejada por Hamã, outro líder político. Mordecai vivia pela lei do "ame ao próximo como a si mesmo" e exibia isso cuidando de sua família, do país onde vivia e, por fim, do seu próprio povo. Ele compreendia que justiça incluía "amar ao próximo". O simples fato de ter sido um exemplo disso para apenas um só membro de sua família, Ester, que seguiu seu exemplo, resultou na salvação de uma nação.

Jesus diz que todas as leis de Deus podem ser resumidas nesta única sentença: "Ame a Deus e ame ao próximo como a si mesmo" (cf. Mateus 22.37-39). Tiago chama isso de "Lei do Reino" (cf. Tiago 4.11) e fala que mostrar discriminação na aplicação dessa lei é pecado. O que acontece quando crianças presenciam favoritismo em seus próprios lares? Pais que falam de justiça com os estranhos, mas tratam um ao outro injustamente; um pastor que prega sobre amor aos domingos, mas espanca sua mulher em casa. Falamos sobre o amor de Deus pelos perdidos, mas mostramos intolerância por grupos étnicos diferentes ou "tipos" de pecadores. Por diversas vezes, criticamos nossos Governos, mas não votamos. Como conseguiremos criar filhos que acreditem e sejam exemplos de justiça se nós mesmos não somos exemplos dentro dos nossos lares? Como conseguiremos ter influência em nossas comunidades se não demonstramos interesse e ação dentro de casa? É claro que não conseguiremos. A Família é a primeira linha de defesa contra a injustiça social e individual.

Família: a primeira linha de defesa — Amor

O Senhor resume a totalidade de Seus pensamentos sobre a vida em uma palavra: amor. A definição de Deus sobre amor quer dizer a presença de justiça, provisão, integridade e verdade. De acordo com os planos divinos, a autoridade do Governo pertence ao povo. A autoridade da Ciência são as imutáveis leis da natureza criadas por Deus. A autoridade da Igreja é a aplicação correta da Palavra de Deus. E a autoridade é expressa na Família através do amor. Esse amor, que é definido pela maneira que Cristo amou a Noiva.

Os jovens líderes com quem trabalho no ministério sentem dificuldade com o fato de que ainda ensino sobre o modelo bíblico de estrutura familiar. Eles acham que esses conceitos são antiquados. Entendo o que eles dizem, mas, até que eu consiga comprovar na Palavra que eles estão certos, tenho de manter o que penso. Ao estudar a Bíblia toda, encontro uma estrutura em todas as instituições que Deus criou. Ao meu entender, Ele criou o Homem e o Universo para funcionarem assim.

Mas o que Ele quer dizer em textos como este?

> Mulheres, sujeitem-se a seus maridos, como ao Senhor, pois o marido é o cabeça da mulher, como também Cristo é o cabeça da igreja, que é o seu corpo, do qual ele é o Salvador. Assim como a igreja está sujeita a Cristo, também as mulheres estejam em tudo sujeitas a seus maridos. Maridos, amem suas mulheres, assim como Cristo amou a igreja e entregou-se a si mesmo por ela para santificá-la, tendo-a purificado pelo lavar da água mediante a palavra, e apresentá-la a si mesmo como igreja gloriosa, sem mancha nem ruga ou coisa semelhante, mas santa e inculpável. Da mesma forma, os maridos devem amar as suas mulheres como a seus próprios corpos. Quem ama sua mulher, ama a si mesmo. Além do mais, ninguém jamais odiou o seu próprio corpo, antes o alimenta e dele cuida, como também Cristo faz com a igreja, pois somos membros do seu corpo. "Por essa razão, o homem deixará pai e mãe e se unirá à sua mulher, e os dois se tornarão uma só carne". Este é um mistério profundo; refiro-me, porém, a Cristo e à igreja. Portanto, cada um de vocês também ame a sua mulher como a si mesmo, e a mulher trate o marido com todo o respeito. (Efésios 5.22-33)

> Filhos, obedeçam a seus pais no Senhor, pois isso é justo. "Honra teu pai e tua mãe", este é o primeiro mandamento com promessa: "para que tudo te corra bem e tenhas longa vida sobre a terra". Pais, não irritem seus filhos; antes criem-nos segundo a instrução e o conselho do Senhor. (Efésios 6.1-4)

Dessa forma, se tirarmos o foco da discussão de questões estruturais e de autoridade, percebendo que não se trata de "quem vai levar o lixo para fora" ou de "quem vai lavar a louça", mas sim de "quem é responsável" e "quando dever ser responsável", então, penso que a perspectiva de Deus fica mais fácil de entender. Por exemplo, se um dos cônjuges se encontra inconsciente no hospital e precisa se submeter a uma cirurgia, quem deve dar o consentimento? Se um dos pais morre em um acidente, quem deve ficar com as crianças? Quem deve ter a responsabilidade financeira pelos filhos até que cresçam e possam cuidar de si mesmos? Os governos têm de criar leis para guiar decisões como essas que a sociedade tem de fazer diariamente, e nossa cosmovisão sobre a Família vai determinar essas decisões. Na Palavra de Deus, a ênfase é bem clara: uma grande parte da responsabilidade pertence à Família.

A autoridade da família está no amor

Existe estrutura e autoridade na Família. Agora, como essa autoridade deve ser usada? Quando essa autoridade é abusada ou negligenciada? Quando uma criança deve ser retirada de sua família? Quando uma esposa ou um marido deve desistir de seu casamento? Quando o Governo deve tirar a autoridade dos pais? Como determinamos o limite entre disciplina e abuso de uma criança? Essas são perguntas difíceis! Mas, na verdade, a essência dessas questões é: "Quando é que a família tem autoridade e quando é que a comunidade e o Governo entram em cena?".

Como definimos o amor? A Palavra diz que o amor é demonstrado na maneira em que Jesus trata a Igreja e pela forma que uma pessoa cuida de seu próprio corpo. O amor quer dizer: "Você é tão importante para mim como eu mesmo". Na verdade, esse tipo de amor quer dizer que, como Cristo entregou Sua vida e Seu direito de autoridade pela Igreja, nós também devemos considerar aos demais antes de nós mesmos. Afinal, Ele entregou Seu corpo e Sua vida para que nós tivéssemos vida.

Uau! Isso é radical. Maridos, isso significa que, para que vocês tenham autoridade sobre suas esposas, vocês devem ser o exemplo de amor maior. Sua autoridade em casa é fundamentada na qualidade do seu amor! Pais, para que tenham autoridade sobre seus filhos, vocês têm de amá-los. Quanto menos fiel for o seu amor, menos autoridade você terá. Se você agir de uma maneira que é, na verdade, prejudicial ao seu cônjuge ou aos seus filhos, você não terá autoridade nenhuma, e eles podem e devem ser tirados de você.

Um cônjuge ou uma criança devem correr risco de morte e suportar abusos porque Deus deu autoridade à estrutura familiar? Absolutamente não! O Senhor nunca deu a ninguém a autoridade total sobre todas as coisas. Ele é o Único que pode ter esse tipo de autoridade e, ainda assim, Ele limita a Si mesmo. Ao nos criar à Sua imagem, Ele limitou Seu controle sobre nossas vidas, dando-nos o livre arbítrio. Essa liberdade traz direitos e responsabilidades para cada um de nós, mas quando alguém tenta remover essa liberdade em nome de qualquer autoridade, isso é chamado de tirania.

Para entender o que Paulo quer dizer quando ensina que devemos nos submeter às autoridades governamentais, veja como ele mesmo vivia essa submissão. Quando o governo romano ordenou que parasse de pregar, ele desobedeceu à autoridade deles, consciente de que seria preso por isso. Havia uma Lei maior sobre a sua fé e suas ações: Deus. Quando o Governo exerceu uma autoridade que não lhe foi dada pelo povo ou pelo Senhor, Paulo entrou em desobediência civil. Só esse assunto daria um livro, mas o que estou querendo dizer aqui é que, ninguém, incluindo a Família, tem autoridade total sobre ninguém. De acordo com as Escrituras, o respeito, a submissão e a obediência nem sempre querem dizer "fazer tudo o que mandam". Provavelmente, esse é o conceito mais violado no contexto da Família.

Mitos destrutivos que circulam entre as famílias cristãs

OS HOMENS TÊM MAIS VALOR QUE AS MULHERES

Vocês me desculpem, mas esse princípio não está na Bíblia. Inclusive, Baraque perdeu suas honras militares por não obedecer às ordens de sua comandante, Débora. Não existe mandamento algum, nas Escrituras sobre os homens, em geral, serem autoridades sobre as mulheres. Existe sim, uma estrutura para a Família e a autoridade para essa estrutura é o amor.

SÓ IREMOS DESEJAR TER RELAÇÕES SEXUAIS COM APENAS UM PARCEIRO PELA VIDA TODA

De novo, desculpem-me! A Bíblia reconhece que, a não ser que sejamos ensinados ao contrário, nossa tendência é querer ter relações sexuais com quase tudo e todos. No Antigo Testamento, Deus ensina detalhes sobre a conduta sexual correta e, no Novo Testamento, Jesus ensina que todas as tentações são comuns e que Ele passou e resistiu a todas elas.

AMAR SIGNIFICA NUNCA TER DE PEDIR PERDÃO

Não! Amor não presume a perfeição de quem ama, mas significa a presença de justiça, provisão, proteção e harmonia.

> O amor é paciente, o amor é bondoso. Não inveja, não se vangloria, não se orgulha. Não maltrata, não procura seus interesses, não se ira facilmente, não guarda rancor. O amor não se alegra com a injustiça, mas se alegra com a verdade. Tudo sofre, tudo crê, tudo espera, tudo suporta. (1 Coríntios 13.4-7)

PRECISO DE SEXO PARA SER FELIZ E COMPLETO

Se isso fosse verdade, com certeza seríamos uma das gerações mais felizes e satisfeitas da História. Não! As Escrituras dizem, sim, que precisamos de relacionamentos íntimos para sermos felizes e completos, mas dizem ainda que podemos ter isso com ou sem o sexo. Não há nada mais solitário que o sexo sem intimidade e nada mais gratificante que intimidade com ou sem sexo. Devemos nos casar pelos motivos certos ou iremos continuar a ver casamentos destruídos.

PERMANECER JUNTOS É A CHAVE

Permanecer casado é financeiramente mais vantajoso e melhor para todos, em especial para as crianças. Porém, o principal não é apenas permanecer juntos, mas trabalhar para um bom casamento, tendo em mente o propósito e os princípios de Deus para a família. Se não for assim, qualquer outra tentativa superficial será como colocar um *band-aid* em uma hemorragia.

UM BOM CASAMENTO SEMPRE SERÁ FÁCIL

Errado! No plano de Deus, um bom casamento vai tocar nos pontos fracos de ambos os cônjuges, até que eles sejam moldados à imagem de Cristo. Parte da finalidade do casamento é nos ajudar a nos libertarmos de nós mesmos, colocando-nos cara a cara com quem somos, dentro de um ambiente de amor.

— Guia de Estudo —

Temas para procurar na Bíblia quando você estiver estudando e colorindo o que as Escrituras dizem sobre a Família: **esposas; maridos; filhos; filhas; crianças; viúvas; órfãos; princípios e ética de relacionamentos** e **conduta sexual.**

A área da Família revela: **O Pai.**

O principal atributo de Deus revelado através da Família: **Amor e Cuidado.**

Deus governa essa área através de: **as leis do amor.**

Definindo a missão

O propósito da Família é o de prover um ambiente de educação seguro para o crescimento, como, também, prover princípios e o desenvolvimento da próxima geração. É o alicerce mais fundamental na construção da sociedade. Grandes questões abrangem: amor, disciplina, ser um modelo dos princípios de Deus preparando os filhos para seguirem sua vocação e o amor do marido criando o ambiente do lar.

Nota a todos os cristãos

Nós todos vivemos em famílias, e o nosso primeiro testemunho é como agimos em casa. Não podemos realizar nada mais importante em nossas comunidades e nações que aquilo que realizamos no microcosmo de nossos lares e famílias. Nós iremos reproduzir quem somos e isso é mais revelado dentro de nossos lares, onde somos conhecidos no dia a dia. Isso não é uma armadilha, é o plano de Deus. Nossos relacionamentos mais próximos são como um espelho, em que podemos ver a nós mesmos e o quanto estamos refletindo Sua glória. Em família, podemos perceber o que o Senhor quer trabalhar em nossas vidas para nos tornar mais amorosos, mais como Ele é. Ou seja, um processo de crescimento que dura uma vida toda. Cada estágio de nossas vidas nos dá a oportunidade de crescer em novas áreas. E Ele está ali para nos ajudar. Casamento, filhos pequenos, filhos adolescentes, a síndrome do ninho vazio, mortes nas famílias, idade madura, netos, velhice, doenças e todas as fases da vida nos dão a oportunidade de crescermos uns com os outros na família. Isso é chamado vida e, com Cristo, é chamado de vida em abundância, que, diariamente, vai se tornar mais como Ele. A Família é uma aliança sagrada para nos tornar mais parecidos com Deus. Ao se desenvolver nessa área, você levará mais de Jesus a tudo o que fizer.

Nota aos profissionais da área da Família

Seja você um conselheiro familiar, um advogado da família, um assistente social ou qualquer outro profissional especializado em assuntos relacionados, você trabalha em uma das áreas mais importante da sociedade. Se a Família é saudável, teremos sociedades e, então, nações saudáveis. É

FAMÍLIA

extremamente importante que você veja o seu trabalho e o papel da Família sob a perspectiva de Deus. Precisamos ter muito cuidado ao lidar com a estrutura familiar e intervir apenas em circunstâncias especiais. Porém, não devemos permitir que a injustiça e o abuso dominem nenhuma família. Quando e como interferir numa família para salvar um indivíduo é um equilíbrio vital e delicado, que vem somente da perspectiva divina e de Sua sabedoria, as quais podem nos ajudar nos casos individuais e a criar regras, diretrizes e leis que restrinjam a nossa autoridade profissional para que não destrua a própria instituição a que devemos proteger. Você tem um chamado maravilhoso e sagrado. Cumpra-o com a sabedoria e o poder do Espírito Santo.

Deveríamos estar buscando influência e regulamentos que tragam de volta a autoridade e o envolvimento dos pais no sistema das escolas.

CAPÍTULO 11
Educação

Gravem estas minhas palavras no coração e na mente; amarrem-nas como símbolos nas mãos e prendam-nas na testa. Ensinem-nas a seus filhos, conversando a respeito delas quando estiverem sentados em casa e quando estiverem andando pelo caminho, quando se deitarem e quando se levantarem. Escrevam-nas nos batentes das portas de suas casas, e nos seus portões, para que, na terra que o Senhor jurou que daria aos seus antepassados, os seus dias e os dias dos seus filhos sejam muitos, sejam tantos como os dias durante os quais o céu está acima da terra. (Deuteronômio 11.18-21)

[...] Ame o Senhor, o seu Deus de todo o seu coração, de toda a sua alma, de todas as suas forças e de todo o seu entendimento [...] (Lucas 10.27)

A área da Educação, assim como a da Comunicação e a das Artes, é difícil ser estudada isoladamente. Afinal, todas as Escrituras dizem respeito ao aprendizado. A Bíblia é um livro inspirado por Deus para nos dar entendimento e nos educar. Então, mais uma vez, neste capítulo, não teremos uma passagem que nos servirá de exemplo, mas observaremos o que o "conjunto da obra" fala sobre o assunto. Está claro na Palavra que o Senhor ama o conhecimento. Ele quer e pode ser conhecido. Ele deseja que O conheçamos através de tudo o que Ele criou. Podemos dizer que uma mente curiosa é também aberta a Deus, e uma das principais características do discipulado é expressa em perguntas — o desejo de saber e aprender.

Nós podemos saber

"Epistemologia" é uma palavra grande que quer dizer "ciência do saber".[1] Grande parte das religiões e filosofias também perguntam: "Podemos saber?". E, se sim: "como?". A Palavra de Deus diz que sim, podemos saber! E faremos isso por meio de um processo combinado de descobertas e revelações. O ponto de partida da Ciência moderna — de que o mundo material é real e pode ser explorado e medido — é um conceito bíblico. O mundo islâmico pode copiar a tecnologia, mas tem muita dificuldade de elaborar e manter uma invenção, porque acreditam que não existem leis fixas com as quais o Senhor governa o mundo material; existe apenas a vontade de Alá. Já o hinduísmo e o budismo, basicamente, ensinam que o mundo material onde vivemos não é real ou importante. Muitas doutrinas cristãs de hoje chegam perigosamente perto desse conceito. Mas a Bíblia nos ensina que a verdade pode ser descoberta e conhecida e que, quando aplicada, resulta nas mesmas consequências de forma consistente. Deus domina todas as verdades que dizem respeito a qualquer área de nossas vidas, e todas elas também O revelam. O mistério nas Escrituras é resultado da diferença entre o que sabemos e o que Ele sabe, não o que pode ser compreendido. Através de Sua Palavra, o Senhor inicia e encoraja a sabedoria, o conhecimento e a educação.

A Educação revela o atributo da Sabedoria

De acordo com o pensamento hebreu que foi discipulado pelos ensinamentos de Moisés, o conceito de saber inclui aplicação. Isso está longe da maioria das cosmovisões atuais. A maior parte dos sistemas educacionais hoje se baseia no conceito de que você pode aprender por meio da retenção de informações sem a necessidade de aplicação. Como resultado, o mercado

---

[1] EPISTEMOLOGIA. *In*: DICIONÁRIO Michaelis *on-line*. São Paulo: Melhoramentos, 2021. Disponível em *https://michaelis.uol.com.br/busca?id=p5Mp*. Acesso em fevereiro de 2021.

profissional reconhece que os alunos recém-formados das universidades não dominam nada com maestria quando começam a trabalhar, e precisam desenvolver suas habilidades no próprio emprego. Isso tem preocupado muito os profissionais da Educação do mundo todo e se tornou um assunto de debates e estudos. Esse mesmo conceito — de que informação é conhecimento — resultou em uma geração de cristãos que dizem conhecer a Deus, mas ainda não sabem como obedecê-lO. Muitos têm a ideia de que podem se relacionar com o Autor das Escrituras sem aplicar os Seus princípios. Pensam que podem ser salvos e, ao mesmo, não demonstrarem nenhum fruto dessa conversão em sua vida ou, como dizem alguns: "Creia como Deus e haja como o Diabo". Mas nenhum desses pensamentos é bíblico.

De Gênesis a Apocalipse, o Senhor reforça o conceito de que o conhecimento é demonstrado através de ações; fé, através de obras; aprendizado, através de crescimento; e sabedoria, através do amor. Não existe respaldo bíblico para "um salto de fé." O existencialismo[2] diz que não podemos saber, apenas experimentar. Mas Jesus se recusou a saltar do templo quando Satanás O tentou. Na realidade, Ele compreendia que podemos, sim, saber a vontade de Deus sem ter de dar um salto. A "experiência" de saltar não é a única forma de saber. Para o Senhor, a sabedoria não é somente fazer as escolhas certas, mas a compreensão do porquê o certo é certo. O Seu maior objetivo não é a simples obediência, mas sim o entendimento. Como pais, compreendemos que, no início, devemos apenas dizer "não" a uma criança que está prestes a colocar suas pequenas mãos no fogo. Tentamos comunicar que a chama é quente e que ela irá se queimar. Quando é pequena, ficamos satisfeitos se ela apenas obedece. No entanto, conforme cresce, procuramos maneiras de fazê-la entender o que queremos dizer com "quente" e, de preferência, sem que ela se machuque. Queremos que ela compreenda que uma queimadura é algo doloroso e ruim. Por fim, desejamos que não mexa no fogo, porque ela concorda que não é uma coisa boa a se fazer.

---

[2] N.E.: Doutrina filosófica baseada na ideia de que a existência precede a essência. Sua vertente cristã afirma que a fé não pode ser racionalmente compreendida, apenas sentida, sem maiores explicações.

EDUCAÇÃO

Se nós estamos mesmo amadurecendo em Deus, precisaremos perguntar cada vez menos sobre as coisas, porque já saberemos os pensamentos d'Ele sobre elas. Isso não quer dizer que não iremos mais fazer perguntas a Ele, mas significa que não ficaremos repetindo as mesmas questões, porque compreendemos e concordamos com Suas respostas e com Seu raciocínio. Aprenderemos a perguntar ao Senhor sobre coisas novas para nós, por ainda não termos o Seu entendimento sobre elas.

O Antigo e o Novo Testamento estão repletos de conselhos a serem acrescentados à nossa experiência de conhecê-lO pessoalmente, e de informações sobre Deus reveladas na criação, na História e na Palavra escrita. Paulo fala sobre renovação das nossas mentes (cf. Romanos 12.2) e sobre levar cativo todo pensamento para torná-lo obediente a Cristo (cf. 2 Coríntios 10.5). Em 1 Coríntios 14.15, ele encoraja a Igreja a orar, não só em línguas, mas usando o entendimento. Em Atos, o povo de Deus estava reunido com um só coração e uma só mente (cf. Atos 4.32). Em Romanos 8.6, Paulo alerta sobre a mentalidade da carne e adverte os romanos a buscarem uma mentalidade dominada pelo Espírito. O livro inteiro de Provérbios celebra a sabedoria aplicada em nossas vidas e encoraja uma constância na busca por mais. No Pentateuco, vemos, vez após vez, os israelitas serem aconselhados a estudarem e a aprenderem os princípios divinos revelados na Torá e a empregá-los em suas vidas. Quando completou doze anos de idade, Jesus já conhecia a fundo esses princípios e deixou os sacerdotes perplexos com Sua sabedoria (cf. Lucas 2.46-47). A diferença entre o Mestre e os fariseus era que eles apenas citavam a Lei, mas Cristo a explicava. Ele a compreendia. Ele podia aplicá-la no seu dia a dia. Jesus ensinava Seus discípulos a perguntar, buscar, debater, indagar e aprender com Ele e Seu Pai. Todos os profetas também aconselharam Israel a voltar aos princípios ensinados pelo Senhor por meio de Moisés e ver, por fim, a Sua bênção retornar.

Arrependimento significa mudança de pensamento

A palavra "arrepender" do Novo Testamento é geralmente ensinada com o significado de mudar de direção, mas a tradução correta do grego seria "mudar de pensamento".[3] Em outras palavras, a chave para a mudança de comportamento é a mudança do pensamento, não o contrário. Quando nos concentramos nas ações, nós nos tornamos obcecados com as aparências, em vez de focar no conteúdo de nossas vidas. Parecemos bem, mas não mudamos por dentro. Mas a preocupação de Deus não é tanto com o exterior, e sim com quem somos no interior. O Senhor deseja nos ensinar Sua verdade e Sua perspectiva da realidade para que possamos ser como Ele, e vermos as coisas como Ele as vê.

Paulo argumenta que nossa luta é, em parte, dentro de nossas mentes: "Pois, embora vivamos como homens, não lutamos segundo os padrões humanos. As armas com as quais lutamos não são humanas; pelo contrário, são poderosas em Deus para destruir fortalezas. Destruímos argumentos e toda pretensão que se levanta contra o conhecimento de Deus, e levamos cativo todo pensamento, para torná-lo obediente a Cristo" (2 Coríntios 10.3-5). Sendo assim, nossa luta com este mundo é de ideias e de realidades. Se queremos resistir e ser uma influência, não devemos apenas fazer o que Jesus faria, mas pensar como Ele.

Educação e família

Descobertas a respeito de que o sucesso do aprendizado na sala de aula tem pouco a ver com o dinheiro ou tempo gasto revelam que, quanto mais tempo e dinheiro se investe, menos se aprende e vice-versa. Mas um fator determinante do sucesso ou fracasso na instrução é o método de ensino. Outro tópico importante que os educadores do mundo atribuem ao sucesso

---

[3] STRONG, James. **Dicionário bíblico Strong**. São Paulo: Sociedade Bíblica do Brasil, 2002.

EDUCAÇÃO

da Educação é o apoio dos pais. Quando eles se envolvem no aprendizado da criança, ela assimila os conteúdos com mais facilidade.[4] As Escrituras concordam completamente com essa descoberta. A autoridade e a responsabilidade dos pais no ensino de seus filhos são muito claras.

> No futuro, quando o seu filho lhes perguntar: "O que significam estes preceitos, decretos e ordenanças que o Senhor, o nosso Deus, ordenou a vocês?", vocês lhe responderão: "Fomos escravos do faraó no Egito, mas o Senhor nos tirou do Egito com mão poderosa. O Senhor realizou, diante dos nossos olhos, sinais e maravilhas grandiosas e terríveis contra o Egito e contra o faraó e toda a sua família. Mas ele nos tirou de lá para nos trazer para cá e nos dar a terra que, sob juramento, prometeu a nossos antepassados. O Senhor nos ordenou que obedecêssemos a todos estes decretos e que temêssemos o Senhor, o nosso Deus, para que sempre fôssemos bem-sucedidos e preservados em vida, como hoje se pode ver. E, se nós nos aplicarmos a obedecer a toda essa lei perante o Senhor, o nosso Deus, conforme ele nos ordenou, esta será a nossa justiça". (Deuteronômio 6.20-25)

> Ensinem-nas a seus filhos, conversando a respeito delas quando estiverem sentados em casa e quando estiverem andando pelo caminho, quando se deitarem e quando se levantarem. Escrevam-nas nos batentes das portas de suas casas, e nos seus portões, para que, na terra que o Senhor jurou que daria aos seus antepassados, os seus dias e os dias dos seus filhos sejam muitos, sejam tantos como os dias durante os quais o céu está acima da terra. (Deuteronômio 11.19-21)

As crianças absorvem sua cosmovisão

Como já discutimos no capítulo sobre a Família, nos anos de formação, que vão do nascimento até os quatro anos de idade (quando as crianças

---

[4] VIRGINIO, Regina. **Integração entre pais e escola: a influência da família na educação infantil**. *In*: Anais Educação e Formação Continuada na Contemporaneidade. Natal(RN): Evento *on-line* – Amplamente Cursos, 2019. Disponível em *https://www.even3.com.br/anais/amplamentecursos/236190-a-integracao-entre-pais-e-escola---a-influencia-da-familia-na-educacao-infantil/*. Acesso em fevereiro de 2021.

absorvem a cosmovisão à sua volta), a perspectiva dos pais é um fator crítico. A criança vai incorporar os valores e as crenças que são demonstrados em sua casa, sejam eles ensinados ou não de maneira intencional. Ela acreditará na realidade que os pais transmitem e, assim, copiá-los. Nesse estágio do crescimento, elas não têm escolha, pois não estão expostas a nenhuma outra realidade. Os pais irão imprimir na criança seu real sistema de valores, não necessariamente aquele que gostariam de passar. Por esse motivo, Deus enfatiza tantas vezes sobre a importância de os pais ensinarem seus filhos acerca da Sua perspectiva em relação à vida, mesmo em atividades normais do cotidiano, tais como quando estão comendo, caminhando e trabalhando juntos.

Não estou sugerindo que as Escrituras indicam que todos os pais deveriam dar aulas para seus filhos em casa em vez de mandá-los para a escola. Esse é apenas um dos métodos de ensino e a Bíblia não recomenda nenhum tipo específico. Contudo, a Palavra enfatiza muito a influência dos pais na vida da criança. Baseadas na perspectiva deles, elas começarão a frequentar a escola acreditando que são inteligentes o suficiente ou que são muito estúpidas para aprender. Apoiadas no ponto de vista dos pais, elas entrarão na escola pensando que estudar é importante e empolgante, ou acreditando que é perda de tempo. Ao voltarem aos seus lares, a importância do dever de casa será reforçada ou desvalorizada. O lar será um lugar que promove ou que dificulta o aprendizado. Em casa, elas descobrirão que sempre existe algo a aprender com as outras pessoas, que as ideias de todos devem ser consideradas ou, talvez, que não há nada a se absorver de ninguém. Antes de começarem a frequentar a escola, as crianças já acreditarão num Deus que revela a verdade, ou então, que não existe verdade alguma.

Você já se perguntou por que a Palavra de Deus passa tanto tempo relatando a juventude de Daniel e o seu treinamento na Babilônia? Daniel e seus três amigos eram estrangeiros cativos, levados de suas famílias quando eram adolescentes, para servir ao rei no palácio. Eles frequentaram a "Universidade da Babilônia", onde estudaram feitiçaria, adivinhação, e outros assuntos sórdidos, e eram os primeiros alunos da classe. Eles estavam cercados por uma cultura idólatra e pagã e, ainda assim, nenhum deles a absorveu. Como explicamos isso num mundo em que cristãos e não cristãos declaram que a televisão, os filmes, a música, a publicidade e as escolas influenciam na formação da mentalidade dos jovens? Como Daniel e os outros resistiram ao ambiente babilônico? A resposta é simples e profundamente enfatizada nas Escrituras: eles trouxeram seus valores consigo. Eles continuaram a comparar os valores que o cercavam com os valores nos quais eles tinham sido ensinados e, o mais importante, tinham presenciado em suas casas. A Bíblia indica que, se as crianças são vítimas do mundo em volta delas, só pode haver uma explicação para isso: não receberam as ferramentas em casa para poder avaliar as mensagens vindas do mundo, e também não adquiriram a convicção de que eles, com a ajuda do Senhor, podem conhecer e discernir a verdade.

Educação e Governo

Por várias décadas, cristãos de meu país reclamam sobre o dano causado ao nosso sistema público de ensino quando proibiram as orações nas escolas.[5] Não quero discutir aqui a ausência de orações, mas sim o pensamento por trás desse argumento. Em primeiro lugar, pela perspectiva de Deus, não podemos tornar a oração ilegal, mas apenas proibirmos reuniões de oração ou preces em voz alta. O Senhor não deu autoridade alguma ao Governo para controlar nossas mentes e nossos corações. Podemos pensar e acreditar no que quisermos. A instituição governamental pode tentar controlar apenas nossas ações externas. Por décadas, temos acompanhado o declínio de nossas escolas e da Educação nos Estados Unidos – até chegarmos à lei de proibição das orações. Mas uma lei, na verdade, não pode proibir uma oração, a não ser que concordemos com ela. A regra é injusta, mas a catástrofe atual é culpa dela?

Por outro lado, outra coisa aconteceu nos Estados Unidos que talvez tenha maiores implicações. A autoridade da Educação começou a ser

---

[5] **Madalyn Murray O'Hair**: a trágica história da mulher ateia "mais odiada dos EUA". Publicado por *BBC News Brasil* em 1 de janeiro de 2019. Disponível em *https://www.bbc.com/portuguese/geral-46699569*. Acesso em fevereiro de 2021.

consistentemente transferida das organizações locais de pais e mestres para uma Associação Nacional de Educação.[6] Essa mudança de autoridade da Família para o Governo foi muito mais perigosa e estratégica do que a proibição das orações. Mas Deus não concedeu essa autoridade sobre as nossas crianças. Essa autoridade é dos pais. O Governo foi criado pelo Senhor para tratar das massas. Foi planejado para essa função. A Educação, pela sua natureza, é um processo individual. Assim como questões sobre pobreza e drogas, se pedirmos aos governantes para lidar com isso, teremos o programa mais caro e menos eficiente possível. O Governo desenvolverá um programa que tentará tratar com todas as pessoas da mesma maneira, quase como um sistema de prisão. Só que problemas sociais, drogas e Educação são individuais e podem ser resolvidos com eficiência apenas lidando com o indivíduo. Deus projetou as famílias para que pudessem lidar com os indivíduos. Os pais podem delegar sua autoridade ao sistema público de ensino, mas, se eles se abdicarem de sua função e apoio, ou se até forem proibidos de exercê-la pela Instituição, as escolas públicas não terão autoridade legítima sobre as crianças.

O mesmo acontece quando os pais passam sua responsabilidade sobre a educação de seus filhos para uma escola cristã. O Senhor não deu à Igreja essa incumbência. Ele deu essa obrigação aos progenitores.

A Educação e as leis da natureza humana

Em Educação e em Comunicação, é importante olharmos para como Deus criou a natureza humana para funcionar. A cultura da Mídia atual enfatiza o poder da persuasão ao ponto de nos vermos como se fôssemos gravadores, recebendo mensagens e nos conformando com elas. Quando acontece uma crise, culpamos a influência da imprensa, ou das escolas, o pós-modernismo, e a maneira de os jovens pensarem hoje. Falamos sobre Educação "secular" como se esta tivesse um poder em si mesma.

---

[6] HAAR, Charlene. **The Politics of the PTA**. New Brunswick: Transaction Publishers, 2002.

EDUCAÇÃO

Não é assim que as Escrituras veem o ser humano. Segundo a Bíblia, a raça humana recebeu grande autoridade, o poder de aceitar ou de rejeitar as influências que a cercam. Por outro lado, não há nada que indique que seja fácil fazer com que outro indivíduo nos obedeça. Ao contrário, a Palavra enfatiza a habilidade do Homem de discernir, aceitar ou rejeitar as ideias ao seu redor. No próximo capítulo, estudaremos as teorias sobre "lavagem cerebral", mensagens subliminares e sobre o homem "gravador". Mas, no que se refere à nossa discussão sobre Educação, irei resumir dizendo que, uma vez passados os primeiros anos de nossa formação, só aprenderemos o que queremos aprender. Passamos a ser mais como filtros do que como esponjas. Isso é tão profundamente verdadeiro que, por quase sete décadas, os comunistas na ex-União Soviética tentavam incutir suas doutrinas nas crianças em idade escolar e, ainda assim, pouco disso surtiu efeito nos dias atuais.[7] Gerações de crianças negras na África do Sul são ensinadas a velar o racismo, mas, ainda assim, quase ninguém acredita nisso.[8] Na Nova Zelândia, crianças *māori* e europeias frequentam as mesmas escolas e acabam saindo com cosmovisões bem diferentes.

Educadores do mundo todo concordam que as duas chaves mais importantes para o aprendizado são a postura e o envolvimento dos pais, e a motivação das crianças. A perspectiva bíblica é a de que todos possuem algum talento e são capazes de aprender; todos têm valor e o direito de atingir o seu máximo potencial. Mas também enfatiza que fomos criados pelo Senhor para sermos livres e escolhermos se queremos dar ouvidos a Ele (aprender) ou não. A maior influência sobre essas escolhas serão os nossos primeiros anos de vida em nossos lares.

---

[7] **Ex-repúblicas soviéticas se blindam contra o comunismo 20 anos depois.** Publicado por *G1* em 19 de agosto de 2011. Disponível em *http://g1.globo.com/mundo/noticia/2011/08/vinte-anos-depois-ex-republicas-sovieticas-se-blindam-contra-o-comunismo.html*. Acesso em fevereiro de 2021.

[8] ZUNGU, Will. **Our schools are the breeding ground of racism in South Africa.** Publicado por *Huffpost* em 31 de janeiro de 2017. Disponível em *https://www.huffingtonpost.co.uk/will-zungu/our-schools-are-the-breeding-ground-of-racism-in-south-africa_a_21702956/?ncid=other_saredirect_m2afnz7mbfm*. Acesso em fevereiro de 2021.

Por que estou enfatizando tanto isso? Porque temos de reconhecer o que um sistema educacional pode ou não pode fazer. Temos de compreender a importância dos pais. Precisamos colocar as escolas em seu devido lugar segundo o plano de Deus, mas não esperar que elas façam milagres ou que trabalhem isoladamente. Educação não pode ser a nossa única esperança para um futuro melhor.

Guia de Estudo

Temas para procurar na Bíblia quando você estiver estudando e colorindo o que as Escrituras dizem sobre Educação: **ensino**; **aprendizagem**; **lembrança**; **mente**; **pensamento**; **razão**; **cuidado**; **sabedoria** e **família**.

A área da Educação revela: **O Grande Professor – Mestre –** *Rabi*.

O principal atributo de Deus revelado através da Educação: **Sabedoria**.

Deus governa essa área através de: **as leis da natureza humana**.

Definindo a missão

Proporcionar o necessário para o desenvolvimento dos dons e talentos dados por Deus a todas as crianças para o serviço dos indivíduos e da sociedade, acreditando que cada uma tem o direito de ter esses dons desenvolvidos ao seu potencial máximo. Grandes questões abrangem: processo integrado de transmissão de princípios e conhecimento com apoio e envolvimento da família.

Nota a todos os cristãos

Você ama aprender? Deus sim! Você tem interesse por todas as coisas? Deus tem! Se nós queremos demonstrar Jesus para aqueles ao nosso redor, parte disso consiste em expor nossa paixão em conhecer o Pai em todas as

EDUCAÇÃO

áreas da vida. Um dos resultados mais trágicos de um Evangelho dicotômico é a perda de interesse pela maioria das áreas da vida. Geralmente, a única coisa que os cristãos parecem saber conversar é sobre igreja, oração, Céu e Inferno. Não que essas coisas não sejam importantes. Elas são! Mas, se Cristo estivesse aqui, Ele ficaria encantado por ser parte da primeira geração que conseguiu enxergar através do telescópio *Hubble* uma estrela nascendo e morrendo. Seu Pai criou aquilo, e Ele iria vê-lO e adorá-lO em tudo o que os céus ainda estão nos ensinando. Ele ficaria encantado em saber como Seu Pai criou o DNA da espécie humana. Ele refletiria sobre o fato de que cada célula pode reproduzir outras e o que isso nos comunica sobre a natureza e o caráter de Deus. Jesus amaria a ideia de visitar os outros planetas e descobrir mais sobre o que o Seu Pai criou. Ele estaria lendo, ouvindo, ansioso sobre o que estaria acontecendo no Universo e ficaria animado sobre o que nós estamos aprendendo e em como o Senhor quer usar esses conhecimentos.

Deus nos criou com capacidade para aprender — ou recusar-se a aprender; saber — ou negar o saber. De Gênesis a Apocalipse, nós O vemos como o Senhor de todo o conhecimento, revelado através das verdades universais. Por isso, escolha pensar como Deus! Escolha estar interessado! Demonstre a paixão de Jesus em aprender e você fará com que aqueles à sua volta tenham fome por mais sabedoria.

As crianças amam aprender, a não ser que sejam ensinadas a terem medo disso. No entanto, assim como elas, necessitamos apenas de disposição para admitir que não sabemos. Essa é a humildade de uma criança. Elas fazem perguntas naturalmente, mas são estimuladas a terem vergonha de sua ânsia pelo saber. Mas o Senhor ama perguntas e nos chama para questionar, buscar, debater e voltarmos a ser como crianças novamente.

Nota aos profissionais da área da Educação

Onde quer que eu fale sobre esse assunto, os profissionais da área de Educação me perguntam sobre o que eles podem fazer para influenciar seu sistema educacional. A primeira coisa que digo a eles é para estudarem a Palavra de Deus até que acreditem ver o ensino sob a perspectiva d'Ele. Zelo sem sabedoria não é bom. Segundo, qualquer que seja sua função no sistema de ensino, você pode procurar envolver mais os pais. Como professores, poderiam buscar uma maior comunicação com os responsáveis dos estudantes. Também podem organizar discussões sobre a classe e sobre o sistema escolar. Em muitos países, pais podem ser convidados a se voluntariarem e a se envolverem com a administração da classe e do currículo. O modo como vamos fazer isso não é tão importante, mas sim o que cremos. O ponto crucial é entendermos os princípios de Deus. As aplicações serão dinâmicas e moldadas conforme a situação específica da nossa comunidade.

Eu amo a história de Bruce Olson e suas experiências com os índios Motilone Barí, da América do Sul.[9] Essa tribo era quase totalmente isolada quando Bruce foi viver com eles. Um espetacular mover de Deus aconteceu entre esse povo e a tribo inteira acabou se convertendo ao cristianismo. Conforme amadureceram em Deus e começaram a entender mais sobre a importância das Escrituras, eles perceberam que precisavam tratar sobre Educação e aprender a ler. Em vez de impor um sistema de aprendizado aos índios, Bruce Olson perguntou como eles queriam desenvolver o processo de alfabetização. A tribo decidiu que os anciãos precisavam ler primeiro, para que pudessem, então, ensinar às crianças, senão a força da autoridade na tribo seria destruída. Se os mais velhos aprendessem primeiro, a importância dessa prática seria enfatizada e eles poderiam dar o exemplo aos menores sobre o valor da leitura e da instrução. Que aplicação maravilhosa!

Como administradores e membros do conselho escolar, deveríamos estar buscando influência e regulamentos que tragam de volta a autoridade e o envolvimento dos pais no sistema das escolas. Isso não quer dizer que o Governo não tenha uma função de organizar e supervisionar o sistema de ensino. Quer dizer que a autoridade do sistema deve estar o máximo possível centralizada localmente e com os pais. Como

---

[9] OLSON, Bruce. **Bruchko**. Lake Mary: Charisma House, 2005.

EDUCAÇÃO

um diretor de escola, você pode dar mais voz a eles, quer seja de maneira formal ou informal, criando uma estratégia de comunicação que os ajude a se sentirem informados e envolvidos. Você pode ainda ajudar os professores a fazerem o mesmo. Não quero sugerir que o envolvimento dos pais seja uma tarefa fácil de se conseguir, contudo, quanto mais eles se envolverem, mais saudável será o sistema de ensino.

Nós declaramos a todo momento que nossa cultura, nossas famílias e indivíduos estão sendo destruídos pela televisão, filmes, música e mídia em geral. No entanto, o Senhor diz que Ele deu autoridade e poder de decisão à humanidade.

CAPÍTULO 12
Comunicação

Disse Deus: "Haja luz", e houve luz. (Gênesis 1.3)

Vocês têm olhos, mas não veem? Têm ouvidos, mas não ouvem? [...] (Marcos 8.18)

[...] Em vez disso, eu os tenho chamado amigos, porque tudo o que ouvi de meu Pai eu lhes tornei conhecido. (João 15.15)

Deus é Comunicação

Como a Educação, a Comunicação é difícil de se isolar para estudá-la. A Bíblia inteira é formada por livros, poemas e cartas planejadas por Deus, com tudo o mais que Ele criou, para comunicar quem Ele é. Ele é a Palavra (Verbo). O mundo visível revela Seus atributos invisíveis. O Homem é feito à Sua imagem. O Espírito Santo nos direciona para a Verdade e Jesus revela o Pai. Tudo o que o Senhor faz é Comunicação; assim, tudo o que você e eu fazemos comunica algo. Somos feitos à imagem de um Deus comunicador. Uma grande diferença entre o pensamento bíblico e todas as outras cosmovisões e religiões é que as Escrituras O relatam se comunicando com o Homem, enquanto as outras estão tentando encontrá-lO. Mais uma vez, não temos uma passagem em especial para essa área, porque a Bíblia toda é Comunicação.

Deus se compara com a Palavra. Ele chama a Si mesmo de Palavra Viva e ensina que as palavras têm poder se dermos importância a elas. Assim como nas outras áreas, a Comunicação revela o soberano livre arbítrio da humanidade e a nossa capacidade individual de escolher ouvir, ver, acreditar,

COMUNICAÇÃO

e dizer o que queremos. O Senhor jamais desconsidera essa soberania do indivíduo, mesmo em função de Sua mensagem. Nós temos o direito de aceitar ou rejeitar ideias, conceitos ou palavras de qualquer pessoa. Nosso trabalho como cristãos não é impor aos outros a nossa perspectiva, mas comunicar nossa mensagem de modo persuasivo. Temos de dar aos outros o entendimento sobre essa opção de escolha para que, pela graça de Deus, possamos salvar alguns.

Nós somos soberanos

Deus é soberano e, como fomos criados à Sua imagem, nós também somos. Mas sobre o quê? Sobre nós mesmos. Não deveríamos pecar, mas pecamos. O Senhor não deseja estar separado de nós, mas podemos escolher isso. Não temos de passar a eternidade no Céu, podemos aceitar ou rejeitar a verdade quando ela nos é apresentada. A área de Comunicação está ligada de maneira direta ao poder do indivíduo. Dessa maneira, podemos ver nossa soberania e como fomos assombrosa e maravilhosamente criados.

Basta prestar atenção para perceber que só vemos e ouvimos aquilo que queremos. Filtramos as mensagens que não interessam ou que nos fazem sentir desconfortáveis. Por exemplo, parentes de alcoólatras não conseguem enxergar o padrão de repetição dos abusos, porque é muito doloroso. Grupos inteiros de pessoas podem ser virtualmente invisíveis dentro de uma cultura, como as mulheres no Afeganistão ou os índios na América. Vejo isso todos os anos na produção dos vídeos dos nossos alunos de Comunicação.[1] Sejam asiáticos, negros, polinésios ou brancos, eles enchem seus trabalhos com sua própria peculiaridade. Não importa quem domine o local onde estão, eles filmam àqueles que são parecidos com eles, pois são esses que enxergam.

Essa diferença de perspectiva entre indivíduos é tão previsível na sociedade que, se duas ou três testemunhas confirmarem terem visto exatamente

---

[1] N.E.: Autora faz menção às aulas ofertadas pela Faculdade de Comunicação da Universidade das Nações (UofN).

a mesma coisa num julgamento, os depoimentos serão ignorados, pois será deduzido pela corte que eles combinaram o que iriam falar. Temos um poder de escolha tão soberano, que somos capazes de controlar até mesmo as mensagens que queremos receber ou rejeitar.

A cosmovisão de hoje

Hoje, o pensamento, tanto da maioria dos cristãos como dos não cristãos, é oposto ao que Deus enfatiza em Sua Palavra. Nós declaramos a todo momento que nossa cultura, nossas famílias e indivíduos estão sendo destruídos pela televisão, filmes, música e mídia em geral. No entanto, o Senhor diz que Ele deu autoridade e poder de decisão à humanidade.

Se a Mídia tivesse poder por si mesma, a evangelização do mundo seria simples e barata: poderíamos apenas comunicar a Palavra de Deus de qualquer esquina. Assim, o poder da transmissão dominaria as pessoas e todos se converteriam. Ou poderíamos usar a televisão e o rádio. Só que, assim que os convertidos fossem expostos a uma mensagem diferente, eles iriam se "desconverter", logo que mudassem de um canal cristão para um não cristão na TV. Claro que isso é ridículo, mas essa é uma conclusão legítima para esse senso exagerado do poder da Mídia. Ela não tem força em si mesma, pois é uma influência a qual nós, a audiência, damos ou não poder. O Senhor deixou claro nas Escrituras que o domínio na Terra está com os indivíduos; é assim que Ele nos fez.

Isso quer dizer que o conteúdo das mensagens não importa? De jeito nenhum! Existem conteúdos bons e ruins, qualidade agradável e questionável. Mas, no final, as pessoas assistem, escutam e são influenciadas pelo que querem. Uma mensagem só é popular se a audiência a tornar popular, e não só pelo poder da mensagem em si, mas de cada um; e quando reconhecemos que foi Deus quem nos fez assim, o nosso papel como comunicadores torna-se mais evidente. Temos uma opção a oferecer aos outros.

COMUNICAÇÃO

Jesus não silenciava ninguém

Se queremos pensar como Deus, deveríamos nos atentar mais ao que não está sendo comunicado do que ao que está. Ficamos tão preocupados em silenciar aqueles que discordam de nós, que falhamos em notar que a Verdade não está sendo transmitida. Nós nos afligimos tanto com o fato de que a *internet* está proliferando a pornografia, mas nos esquecemos que a Mídia impressa fez a mesma coisa. As impressoras Gutenberg, que ajudaram a criar uma revolução na impressão de Bíblias, também criaram uma revolução de obscenidades. A tecnologia é neutra; ela multiplica a mensagem, seja boa ou ruim. Então, que "bom" uso podemos fazer da *internet*? Qual a alternativa estamos dando para aqueles que gostam de "surfar na rede"? O problema da Mídia desde a invenção da televisão é o que está faltando, não o que já existe. Quais são as opções? A Verdade pode estar presente? Essa é a nossa responsabilidade como povo de Deus e podemos ver isso na vida de Jesus.

Se você estudar o Novo Testamento com cuidado, não encontrará registro de Jesus silenciando ninguém, exceto demônios, e eles estavam todos falando a verdade (cf. Marcos 3.11). Ele não tentou nenhuma vez reprimir a voz dos romanos, gregos, zelotes, fariseus ou de nenhuma das centenas de ideias com as quais não concordava, mas que estavam invadindo aquela região do mundo. Todos tinham liberdade de continuar disseminando qualquer coisa na qual acreditassem. Por outro lado, Jesus protegeu Seu direito de continuar trazendo Sua mensagem abertamente até a hora de ser preso.

A ausência de verdade e retidão nas doutrinas dos outros não O preocupava. Ele se concentrava na liberdade de trazer o Seu ponto de vista àquele fórum aberto. Deus estava dando a todos uma opção, não exigindo o controle quanto ao que estavam ouvindo. Em um ambiente livre, a Verdade fala por si própria. O Senhor não está interessado em esconder o mal, mas quer que nós façamos a comparação entre a luz e a escuridão, escolhendo entre esses dois. Quando há liberdade, a Verdade é evidente; mas na ausência de retidão, as pessoas não têm escolha. Em vez de nos concentrarmos no que está sendo proclamado nas rodas de conversa, nossa preocupação como povo de Deus deveria ser o que está faltando. Em lugar de usarmos toda a nossa energia tentando silenciar aqueles com os quais não concordamos, deveríamos gastar tempo tornando nossa pregação disponível. As Escrituras indicam que, na verdade, a Luz tem mais impacto na escuridão.

Desenvolvidos X subdesenvolvidos

Esses princípios de Comunicação, quando aplicados em comunidades e nações, produzem evidências interessantes. Por exemplo, todo país desenvolvido possui uma imprensa livre e, mais importante ainda, talvez, é que nenhum país subdesenvolvido possui o mesmo. Parece que a liberdade de expressão está diretamente vinculada à responsabilidade social. É verdade que, com uma imprensa livre, a liberdade de expressão pode ser abusada e mentiras são disseminadas, mas, mesmo assim, a Verdade pode ser dita e as pessoas têm a chance de escolher.

Cristãos que acreditavam no direito de comunicação fundaram o primeiro jornal impresso dos Estados Unidos.[2] E a única coisa necessária para se trazer sal e luz a uma nação com um sistema livre de comunicação é alguém disposto a dizer a Verdade. Caso desejemos garantir o direito de um fórum aberto à nossa própria mensagem, devemos defender o direito dos outros de falarem também.

Palavras têm poder, mas não de controlar, e sim de influenciar. Deus não deseja nos controlar, mas oferecer opções e, ao mostrar o valor de Sua verdade, busca nos conquistar para Si. Ele nos criou com autoridade sobre nossa própria alma e mente, bem como sobre o nosso destino. Seu desejo é que usemos os nossos olhos para discernir entre o engano e a realidade, os nossos ouvidos para perceber a diferença entre as verdades

---

[2] N.E.: The Boston Newsletter, fundado no ano de 1704. Mais informações sobre a veiculação de notícias durante a formação dos Estados Unidos da América disponíveis em *https://americanantiquarian.org/earlyamericannewsmedia/exhibits/show/news-and-the-civil-war/the-illustrated-press*. Acesso em março de 2021.

e as mentiras. O Senhor não quer esconder o mal de nós; Ele quer que vejamos o que o mal realmente é e que façamos a nossa escolha. Nós adotamos um pensamento não bíblico se acreditamos que a mensagem é mais poderosa do que o indivíduo.

O meio não é a mensagem

Os cristãos ficaram extasiados quando Gutenberg inventou a prensa. A partir dali, esse avanço tecnológico proporcionou Bíblias a custos acessíveis para todas as pessoas. A utilização dessa ferramenta pela Igreja foi uma revolução tão grande que, ainda hoje, a Bíblia é o livro mais vendido do mundo. Conforme os jornais impressos evoluíam, os cristãos se mantinham à frente.

Contudo, com o surgimento da televisão, dos computadores e da *internet*, o pensamento cristão sobre a Mídia mudou por completo. Em lugar de ver as novas tecnologias como oportunidade para fazer a Verdade ser divulgada, elas passaram a ser vistas como ameaças e, até mesmo, como uma força do Mal, por conta do seu poder de transmitir mensagens destrutivas. Essa mudança de perspectiva sobre a Comunicação resultou na ausência de qualquer contribuição cristã significativa nessas mídias. É popularmente dito que os antigos chefes da indústria cinematográfica eram independentes, e líderes religiosos eram automaticamente incluídos em seus conselhos de revisão. A indústria cinematográfica nunca pediu o afastamento dos líderes cristãos de seu meio, foram eles próprios que quiseram sair dessa área "secular". Enquanto Deus nos dá as maiores tecnologias de Comunicação da História, há pouca visão ou paixão para o uso delas.

Ver a mídia como uma competição desleal e secular não é bíblico. Todas as descobertas científicas são moralmente neutras. Apenas a utilização delas é que pode ser classificada como boa ou ruim. Se não nos arrependermos do nosso pensamento errado sobre essa área, "a Era da Comunicação" poderá vir a ser conhecida na história da humanidade como a mais obscura de todas, pela ausência total de luz.

A importância das palavras

A importância das nossas palavras é enfatizada por meio de todo o Antigo e o Novo Testamento. Quer seja nos relacionamentos, mantendo votos e promessas feitas, testemunhando tratados e acordos com outras nações ou em nossa responsabilidade diante de Deus por cada palavra proferida. A comunidade judaica ainda respeita e compreende esses princípios de Comunicação e é comprometida com essa indústria[3], fazendo sua história conhecida e mantendo respeito por contratos verbais.

Não pode haver diferença maior entre os judeus e os seus primos árabes em relação a essa perspectiva quanto às palavras. Ficamos perplexos ao assistirmos líderes de outras regiões do mundo na televisão dizendo que não há invasão do Exército, mesmo com os tanques passando por trás deles enquanto falam. A princípio, pode parecer arrogância ou estupidez, mas é muito mais do que isso. A habilidade deles de dizer algo completamente oposto aos fatos aparentes está vinculada a duas crenças: a primeira é a de que não existe fato objetivo — a verdade é qualquer coisa que Deus queira estabelecer; e a segunda, que as palavras não significam nada. Em uma cosmovisão em que o Senhor é a única realidade e não existe controle algum quanto a ela, palavras não significam muito, porque não há realidade a ser comunicada. Isso está muito próximo da ideia pós-modernista de que "a realidade é tudo o que eu acreditar que ela seja". É impossível exagerar com a influência judaico-cristã da realidade factual da comunicação sobre o desenvolvimento da Justiça, Ciência, Economia e, em geral, sobre a qualidade de vida no ocidente. Todo o nosso conceito sobre contratos, testemunhos, acordos e relacionamentos está construído com base no reconhecimento da realidade das palavras. Muito de nossa frustração ao tratarmos com o Oriente Médio e além é que falhamos em reconhecer que essa visão sobre a Comunicação não faz parte da base fundamental da

---

[3] GABLER, Neal. **An empire of their own**: how the jews invented Hollywood. New York: Crown Publishing Group, 1988.

COMUNICAÇÃO

construção dessas culturas. Como parte do ensinar às nações, devem ser inclusos os fundamentos bíblicos da Comunicação.

~ Guia de Estudo ~

Temas para procurar na Bíblia quando você estiver estudando e colorindo o que as Escrituras dizem sobre Comunicação: **o uso do livro**; **poesia**; **história**; **discursos**; **escritores**; **mensageiros**; **a língua**; **palavras**; **pergaminhos**; **tábuas**; **monumentos**; **escritos**; **sinais**; **contando histórias**.

A área da Comunicação revela: **a Palavra Viva**.

O principal atributo de Deus revelado através da comunicação: **Soberania**.

Deus governa essa área através de: **as leis da natureza humana**.

Definindo a missão

Proporcionar informações verdadeiras e objetivas de importância a toda a sociedade para que os cidadãos possam tomar as suas decisões com conhecimento.

Nota a todos os cristãos

A audiência geralmente reage quando ensino sobre Comunicação. Pais argumentam que não querem seus filhos expostos a tudo que há por aí. Outros perguntam se estou defendendo tudo que aparece na TV e nos cinemas. Há ainda aqueles que perguntam o que penso quanto a cristãos que queimam CDs e revistas profanas em grandes fogueiras públicas e sobre padrões morais cristãos para bibliotecas públicas.

Como pais ou adultos responsáveis pela educação de crianças, precisamos determinar um padrão do que é bom e aprovado, e o que é "prematuro" para uma criança assistir, ler ou ouvir. Temos não só o direito como a responsabilidade de fazer isso. No entanto, devemos, ainda, preparar a criança para a sua juventude, quando ela não será mais protegida por outros e estará exposta a praticamente tudo. Se o resultado do nosso discipulado é a confiança e o discernimento, assim como os pais de Daniel, Sadraque, Mesaque e Abede-Nego, fizemos um bom trabalho. Se a consequência for o medo e a necessidade de viver uma vida isolada, então produzimos um cidadão aleijado que deve viver em uma caverna. Em vez de saber viver no mundo e não ser do mundo, teremos produzido um ermitão religioso que não consegue estar solto por aí. Não poderemos ser sal e luz se estivermos escondidos.

Devemos ensinar aos que estão sob nossos cuidados quais são os critérios para discernir as ideias que cruzarão seus caminhos. Devemos ensiná-los a interpretarem a mensagem e a discernirem o pensamento por trás dela: "O que é bíblico e o que não é?". Há também perigo na maneira em que a Verdade é comunicada. Seríamos capazes de discernir, assim como Jesus o fez, que eram, na verdade, os demônios que estavam gritando: "Este é o Cristo"; "Este é Aquele que estava por vir"? Esse é o entendimento que devemos multiplicar.

A nossa liberdade como cristãos para comunicar uma mensagem está vinculada à defesa do direito de todos de fazerem o mesmo. Em nosso zelo ao acessar *internet*, TV, cinema, indústria e ambiente de Comunicação — em geral, melhores —, não devemos negar aos outros tantos direitos, pois acabamos por perder o nosso. Acho que seria justo, no mínimo, fazer perguntas como estas para refletirmos: "Será que Jesus teria tido permissão para pregar em Jerusalém se ela fosse controlada pelos fariseus? Será que o paganismo dos romanos acabou contribuindo para um ambiente mais livre para o Evangelho? Precisamos tomar muito cuidado ao apoiarmos qualquer movimento que busca limitar drasticamente um fórum livre de Comunicação dentro de uma nação.

COMUNICAÇÃO

Nota aos profissionais da área de Comunicação

Liderei um projeto de relações públicas em Washington, nos Estados Unidos, nos anos 1980, e meus amigos da Mídia estimaram que, entre os quase sete mil jornalistas que trabalhavam lá, provavelmente menos de vinte eram cristãos. De certo modo, as prostitutas costumavam ser mais bem vistas entre os evangélicos do que um jornalista. Elas, pelo menos, eram candidatas à salvação, enquanto os jornalistas eram vistos como "inimigos." Isso mostra que, apesar de as coisas terem evoluído, esse é um campo que ainda espera o sal e a luz.

Durante as últimas três décadas, tenho trabalhado com jovens que querem se tornar profissionais na área da Comunicação. Por causa do ambiente em que cresceram, eles definem a mídia cristã como programas de pregações em rádio e TV. É como se fôssemos incapazes de pensar em um propósito para a Mídia além da evangelização e do crescimento da Igreja. Isso é resultado do pensamento dicotômico. Costumo perguntar às pessoas como seria um pneu cristão ou como um piloto de avião deve agir como profissional cristão. É difícil para nós definirmos um pneu do bem ou um bom piloto profissional, porque não temos uma cosmovisão bíblica da sociedade além da Igreja e da pregação para a salvação. Se não transformarmos documentários, filmes e novelas em veículos de pregação evangelística, como será a "versão cristã" da Mídia? Você faz parte da geração que vai descobrir?

Pregar o Evangelho pode ser lindo, mas a beleza não necessariamente traz uma mensagem adicional. Podemos ter arte e beleza nas igrejas, mas esses aspectos não precisam estar relacionados de forma direta com uma expressão eclesiástica para revelar o Senhor.

CAPÍTULO 13
Artes e Entretenimento

Ele fez tudo apropriado a seu tempo [...] (Eclesiastes 3.11)

Uma coisa pedi ao Senhor, é o que procuro: que eu possa viver na casa do Senhor todos os dias da minha vida, para contemplar a bondade do Senhor e buscar sua orientação no seu templo. (Salmos 27.4)

Tudo o que Deus criou é bonito! Nada no Universo é sem cor, forma ou estilo. Ele transforma cinzas em beleza. Ele é o "Cântico dos Cânticos," o "Oleiro," o "Senhor da Beleza". Ele é belo. As Artes revelam o Criador através de músicas, palavras, cores, *design*, equilíbrio, movimento, harmonia, ritmo e em muitos outros elementos. Davi disse que as estrelas cantam a glória do Senhor, e existem debates no âmbito científico sobre ser possível que os planetas vibrem em perfeita sintonia.

No sétimo dia da Criação, Deus também descansou. Não devemos pensar nesse descanso em nível de cansaço comum, porque Ele não sofre de fadiga. Esse descanso é como um tempo para contemplar a beleza da criação, saborear a qualidade de tudo o que Ele criou. Os atributos do Senhor revelados através das Artes são: beleza, descanso e celebração, e o Seu propósito para essa área é nos renovar e nos restaurar, proporcionando-nos alegria pelo nosso trabalho.

ARTES E ENTRETENIMENTO

Sou um artista cristão ou um cristão que é artista?

Os artistas cristãos de hoje em dia têm muita dificuldade para compreender o propósito de seus talentos. Por isso, questões como essas surgem: "Se a minha obra não fala sobre Cristo de maneira direta, ela ainda tem algum valor? Devo ou não trabalhar em produções com não cristãos?". Quando alguns veem uma construção magnífica, uma pintura, uma peça teatral ou um espetáculo maravilhoso, tendem a perguntar se aquilo foi realizado por cristãos, como se isso validasse sua beleza; porém, por si só, essas coisas já são um atributo de Deus. Colocar um adesivo escrito "Jesus" sobre algo não o torna mais bonito. Pregar o Evangelho pode ser lindo, mas a beleza não necessariamente traz uma mensagem adicional. Podemos ter arte e beleza nas igrejas, mas esses aspectos não precisam estar relacionados de forma direta com uma expressão eclesiástica para revelar o Senhor.

Qualquer coisa, incluindo tipos de música, notas musicais ou instrumentos, pode ser utilizada para o bem ou para o mal. Não existe algo, como notas musicais, ritmos ou instrumentos demoníacos. Satanás não é o dono de nada disso, assim como ele não é o dono da Lua, dos cogumelos ou das cores. Tudo é criação de Deus. Qualquer coisa que Ele tenha feito pode ser usada para adorar Satanás, mas também pode servir para revelá-lO.

Temos a tendência de achar que as músicas antigas são mais espirituais e que qualquer coisa muito moderna se torna suspeita, ou, então, má. Obviamente, isso tem mais a ver com gosto pessoal do que com o Senhor. Nós escutamos, satisfeitos, os bonitos hinos luteranos, pois eles revelam virtudes espirituais. O que a maioria de nós não sabe é que Lutero colocou letras cristãs em melodias populares da sua época.[1] Eu queria saber o que os cristãos alemães daquele tempo pensaram dessas músicas sendo usadas pela Igreja.

---

[1] ALMEIDA, Suenia Barbosa de. **Martinho Lutero e os usos da música**: o passado ainda canta. 2011. 127 f. Dissertação (Mestrado em Educação, Arte e História) – Universidade Presbiteriana Mackenzie, São Paulo, 2011.

As Escrituras revelam três temas na música

Ao estudarmos artes e música nas Escrituras, encontramos registrados três temas: adoração — é claro —, músicas nacionais ou políticas, e canções de amor. Uma canção de amor ganhou um livro inteiro: Cantares de Salomão. Atualmente, adoração, hinos, louvor e salmos são todos considerados importantes, mas perdemos a capacidade de celebrar o amor humano e o amor pela nação. Se observarmos os hinos nacionais do mundo todo, percebemos que a grande maioria deles, escritos antes de 1970, menciona Deus e Suas bênçãos. Até o século passado, era entendido que o Senhor estava envolvido na vida política de uma nação, até que alguns países começaram a remover de seus hinos essas referências.[2] Será que isso aconteceu por causa da secularização ou da Igreja, que perdeu a compreensão da atuação divina na área Política? Onde estão as canções de amor? Nossas ondas sonoras estão abarrotadas com mensagens de amor que são, no mínimo, degradantes ou lascivas. Porém, quando um músico cristão escreve e apresenta uma bela celebração de amor humano, nós o acusamos de estar sendo "secular" ou de não estar sendo fiel à sua fé, não apresentando Jesus. As Escrituras celebram todos esses temas da música e os usam para revelar a Deus.

Se definirmos a ópera como uma história em forma de música, então, em Deuteronômio 32, Moisés nos apresenta uma ópera muito antiga, senão a primeira a ter sido criada. Esse impressionante líder político entendia tanto a importância da música na vida de uma nação, que, ao final de sua vida, compôs uma obra que continha princípios importantes a serem lembrados por seu povo, e ele recitou as palavras dessa canção, do começo ao fim, na presença de toda a assembleia de Israel (cf. Deuteronômio 31).

---

[2] **Suíça lança competição para substituir hino**. Publicado por *BBC News Brasil* em 2 de agosto de 2013. Disponível em *https://www.bbc.com/portuguese/noticias/2013/08/130802_suica_hino_competicao_lgb*. Acesso em fevereiro de 2021.

As Disciplinas das Artes

Assim como a Ciência, Deus governa as Artes por meio de leis que regem cada disciplina: leis de estética, harmonia, ritmo, dissonância, cor, forma, *design*, estilo, espaço positivo e negativo, entre tantas outras características. Seja na dança, na escultura, na pintura, na literatura ou na composição musical, todos os artistas compreendem que existem princípios através dos quais cada uma dessas disciplinas funciona. Dominá-los é fundamental para obter habilidade. Talento, então, é fazer com que eles desapareçam em meio à expressão artística.

Nesse sentido, pessoas "não salvas" criam coisas belas, porque são feitas à imagem de Deus. O único problema é que elas não se dão conta de quem é a fonte de seu talento ou de seu amor pela beleza, e não conhecem quem lhes deu seu talento, mas, ainda assim, suas habilidades celebram ao Senhor. Eles não sabem a quem agradecer, mas o fato de conhecerem ou não ao Pai não muda a beleza de suas criações. Nem palavras em hebraico podem tornar uma melodia mais bonita. A beleza tem um valor intrínseco, tal como a extensão da natureza e do caráter divino.

Morno

Muito daquilo que hoje chamamos de música e arte cristã é, no mínimo, medíocre. Talvez, porque pensamos que a única coisa que importa é se falamos sobre Deus. É importante apresentarmos a mensagem de Cristo. Contudo, é tanto um absurdo quanto um perigo pensarmos que a única coisa que importa num cirurgião é o seu amor ao Senhor e que sua técnica não é relevante. O coração do indivíduo e a destreza de uma profissão são duas coisas diferentes, e Jesus é Senhor sobre ambas. Como pessoas que creem no Deus Criador, temos de valorizar tanto a prática quanto a postura correta diante d'Ele. Temos de celebrar a beleza pelo seu próprio valor, porque Ele é o Senhor do belo, o Criador de todos os dons, e temos de promover o relacionamento do artista com Cristo, o Criador de seu talento (cf. Êxodo 3).

Não há tribos, nações ou culturas que não tenham arte, música ou esportes. Beleza, canções e celebração existem antes da humanidade. Eram expressos em Deus antes de existirmos e até hoje O revelam. Não precisamos justificar o nosso amor pelos esportes ou artes como uma oportunidade para evangelismo. Podemos ou não achar isso apropriado. Não há problema em desfrutarmos dos dons e talentos dados pelo Senhor somente pelo seu valor natural, pois é uma forma de adoração ao Criador.

Guia de Estudo

Temas para procurar quando você estiver estudando e colorindo o que as Escrituras dizem sobre Artes e Entretenimento: **música**; *design*; **esportes**; **dança**; **cultura**; **vestuário**; **poesia**; **literatura**; **destreza**; **cores**; **esculturas** e b**eleza**.

A área das Artes e Entretenimento revela: **o Cântico dos Cânticos, o Oleiro**.

O principal atributo de Deus revelado através das Artes e do Entretenimento: **Beleza**.

Deus governa essa área através de: **as leis de cada disciplina**.

Definindo a missão

Proporcionar descanso e renovação para a alma através do belo e da alegria.

Nota a todos os cristãos

Um dos meus alunos me disse uma vez que ele podia ver, de uma maneira ou de outra, que todas as outras áreas que estudamos tinham alguma relação com a sua vida pessoal, menos as Artes. O que Artes e beleza tinham a ver com ele? Ele não era músico, pintor ou artista. Achei essa confissão muito trágica. Respondi:

— A pergunta que você tem de fazer a si mesmo é: "Em que lugar a beleza está em minha vida?".

Imediatamente, ele desmoronou. Aquela pergunta tocou algo profundo nele. Sua vida estava repleta de tarefas, obrigações, devoção e trabalho, mas não havia celebração, beleza e alegria.

Isso não é algo raro de se encontrar, dentro ou fora dos círculos cristãos. O mundo está desesperado por Beleza. Estamos frequentemente cercados pelo medíocre, superficial, caótico e feio.

Umas das coisas que amo na Suíça é a celebração da beleza na forma das caixinhas de flores expostas nas janelas das casas. Não importa o tamanho da casa, todas as cores da primavera explodem pelas caixinhas nas janelas. Esse costume não tem nenhuma finalidade prática. Essas plantas não podem ser comidas, são apenas lindas. Existe uma grande necessidade dessa compreensão quanto à beleza em relação às nossas vidas e à nossa sociedade. Sendo assim, onde está a beleza em sua vida?

Meus pais eram pobres e se mudaram das casas de suas famílias durante o período da Grande Depressão[3] para procurar emprego no norte dos Estados Unidos. Fui a primeira de seus filhos a nascer numa casa com banheiro dentro, e não fora da casa. Porém, desde que eu era pequena, na nossa casa sempre tinha música. Aos sábados, enquanto lavava nossos cabelos na pia da cozinha, minha mãe escutava ópera pelo rádio. Nós nunca falávamos sobre isso e não haviam aulas sobre música. Porém, era importante para ela ter o belo em seu modesto lar. Esse foi um dos grandes tesouros deixados para mim, a celebração de Deus em música na minha vida. Precisamos do belo.

---

[3] N.E.: Também conhecida como Crise de 1929, foi uma crise econômica de proporções mundiais que teve início nos EUA e demonstrou reflexos em vários outros países. Durou por toda década de 1930, tendo seu fim marcado pelo início da Segunda Guerra Mundial.

Nota aos profissionais das Artes e Entretenimento

Quer você tenha talento usando seu corpo, ouvidos ou olhos, tudo é uma celebração ao Senhor e uma parte do Seu chamado em sua vida. Fomos criados para celebrar beleza e alegria, como, também, para precisar delas. Você é parte da resposta de Deus para essa necessidade.

Tudo que Ele criou, quer no micro ou no macro, é belo e foi criado com som. Então, se estamos celebrando através do trabalho na igreja ou ministrando para os não crentes, servimos a Cristo. Somos Suas testemunhas através de nossas habilidades e nossa vida. Não precisamos justificar nosso talento, fazendo material religioso ou ajoelhando em oração quando nos saímos bem, apesar de podermos fazer os dois. O talento é justificado por ser parte da natureza e do caráter de Deus; ele é parte de quem o Senhor é e de como Ele nos fez. O talento que temos O revela. O mundo precisa de talento e da celebração da Beleza e da Alegria que Ele traz. Não podemos impedir nosso talento de fluir. Vamos começar a Nova Renascença.[4]

---

[4] N.E.: A Renascença, ou Renascimento, foi um movimento que surgiu em meados do século XIV, tendo como berço a Itália. Foi marcado pela renovação nas artes, cultura e ciência, com reflexos filosóficos, econômicos e políticos, espalhando-se por vários países da Europa.

Se nós vamos discipular todas as nações...

PARTE III

A restauração da nossa mentalidade cristã requer tempo, esforço e convicção. E, sem ela, não poderemos cumprir os propósitos de Deus. Ao terminar de escrever este livro, estudarei sobre Governo, de Gênesis a Apocalipse, e estou orando para que você também já esteja se preparando para escolher aquilo sobre o que vai se aprofundar.

Nesta terceira parte, gostaria de ir além dos setores da sociedade e falar sobre outras áreas de pensamentos que também precisam ser transformadas. Não se trata de uma lista exaustiva, mas são áreas em que tenho visto necessidade de mudança.

Se nós queremos "cumprir nossa tarefa" de alcançar e discipular as nações, precisaremos de uma compreensão maior sobre Jesus, e que Deus ajuste nossos conceitos e definições aos Seus. Se não tivermos isso, lutaremos pelas "tradições dos homens" em vez de fazermos a vontade do Senhor. Precisamos estar conscientes dos perigos sempre presentes que acompanham qualquer forma de poder. A estratégia do Reino é sempre uma estratégia de servo. Teremos de abraçar e buscar mudanças radicais como sendo o nosso estilo de vida.

Bem-vindos ao século XXI!

Precisamos destruir esse pensamento dividido em secular e sagrado e retomar o Evangelho do Reino. Então, não somente nossas palavras como nossas ações e influência testemunharão a supremacia absoluta de Cristo e de Sua mensagem.

CAPÍTULO 14

Precisamos de um Jesus supremo!

Se os cristãos desejam reconquistar a influência que Deus planejou que tenhamos em todas as áreas da sociedade, precisaremos de uma revelação maior sobre Jesus Cristo. Uma das perguntas mais importantes no Novo Testamento, e que Ele continuamente levava às pessoas, era: "Quem é você?". No entanto, as grandes verdades transformadoras do Evangelho estão na resposta de uma outra questão: "Quem é Jesus Cristo?". Assim como eu, você também deve achar que sabe responder a esse questionamento desde que foi salvo.

Você diz: "Jesus é o Filho de Deus, nascido de uma virgem e por causa de Sua morte na cruz e do perdão de meus pecados, Ele é o Salvador da minha alma", e está correto. Por outro lado, com nossa cosmovisão dividida entre secular e sagrado, pensamos que o Evangelho está preocupado, em primeiro lugar, com coisas de natureza espiritual, eternas, celestiais e sagradas. Achamos que sabemos quem Cristo é, porém esse "Jesus sagrado" é muito pequeno. Se queremos reconquistar uma influência maior, teremos de nos esforçar para compreendermos mais sobre Sua identidade, assim como Paulo ensinou aos colossenses. Vamos ver o tamanho do Messias de Paulo:

PRECISAMOS DE UM JESUS SUPREMO!

> Ele é a imagem do Deus invisível, o primogênito de toda a criação, pois nele foram criadas todas as coisas nos céus e na terra, as visíveis e as invisíveis, sejam tronos ou soberanias, poderes ou autoridades; todas as coisas foram criadas por ele e para ele. Ele é antes de todas as coisas, e nele tudo subsiste. Ele é a cabeça do corpo, que é a igreja; é o princípio e o primogênito dentre os mortos, para que em tudo tenha a supremacia. Pois foi do agrado de Deus que nele habitasse toda a plenitude, e por meio dele reconciliasse consigo todas as coisas, tanto as que estão na terra quanto as que estão no céu, estabelecendo a paz pelo seu sangue derramado na cruz. (Colossenses 1.15-20)

Com quais questões os leitores estavam lidando e que Paulo está respondendo aqui? Nessa carta, ele deixa claro o seu desejo para os colossenses:

> Por essa razão, desde o dia em que o ouvimos, não deixamos de orar por vocês e de pedir que sejam cheios do pleno conhecimento da vontade de Deus, com toda a sabedoria e entendimento espiritual. E isso para que vocês vivam de maneira digna do Senhor e em tudo possam agradá-lo, frutificando em toda boa obra, crescendo no conhecimento de Deus e sendo fortalecidos com todo o poder, de acordo com a força da sua glória, para que tenham toda a perseverança e paciência com alegria, dando graças ao Pai, que nos tornou dignos de participar da herança dos santos no reino da luz. Pois ele nos resgatou do domínio das trevas e nos transportou para o Reino do seu Filho amado, em quem temos a redenção, a saber, o perdão dos pecados. (Colossenses 1.9-14)

Os colossenses eram convertidos. Eles amavam Jesus Cristo de uma maneira pessoal e também amavam o Espírito Santo (cf. Colossenses 1.6-8). Tinham sido fielmente pastoreados nessas coisas pelo seu ministro Epafras, mas Paulo desejava que eles fossem além dos fundamentos básicos do Evangelho. Ele desejava que crescessem da salvação para o conhecimento da vontade de Deus, recebendo sabedoria e entendimento para suas vidas. Ele queria que aprendessem o que os tornaria eficientes em todas as boas obras e que crescessem em intimidade com o Senhor para demonstrarem a diferença entre o "Reino da Luz" e o "domínio das trevas", do qual foram salvos, como, também, desejava que a "salvação" deles amadurecesse e fosse evidente em tudo o que fizessem.

Para tanto, a primeira coisa na qual Paulo se concentrou para ajudar os colossenses a alcançar essa maturidade foi na resposta para a pergunta: "Quem é Jesus?". Eles O conheciam como Salvador, como Aquele que enviou o Consolador na pessoa do Espírito Santo, mas tudo isso não era o suficiente. Ele é mais! Se eles quisessem viver de maneira digna em Cristo, precisariam de uma revelação maior a respeito de Sua absoluta supremacia sobre todas as coisas. Ele tem de reinar sobre nossas almas? Sim. Sobre o nosso espírito? Sim. Sobre o Céu? Sim. Sobre o mundo invisível? Sim. E mais! Veja como Paulo insistiu com eles para que entendessem isso.

Senhor sobre todas as coisas!

Cristo criou todas as coisas no Céu e na Terra, visíveis e invisíveis. E Ele é comandante sobre elas. Você está conseguindo entender o que isso significa? Ele é supremo em tudo! O que isso quer dizer? Quer dizer que essa história de mundo "sagrado" e "secular" não existe! Quer dizer, ainda, que as coisas momentâneas da vida não são menos importantes do que as eternas, porque todas as coisas O pertencem. O Evangelho não está relacionado somente à salvação, mas é também uma mensagem sobre o poder reconciliador de Deus sobre todas as áreas de nossas vidas, famílias, comunidades e nações. Mas o que a Cruz e o sangue de Jesus Cristo reconciliaram? Tudo na Terra e tudo no Céu! O Senhor se reconciliou com todas as partes de Sua criação através de Cristo. Ele não está em guerra com nenhum pedaço dela. E nosso pequeno cérebro mal consegue entender um Jesus como esse.

O que Paulo está nos dizendo em colossenses é que Jesus é Senhor sobre todas as coisas: tanto sobre o tão chamado "mundo espiritual" como sobre o mundo material. Ele é o Senhor da salvação e de todas as questões sociais; Ele é supremo sobre o eterno e o temporário; é o Rei da Terra e do Céu. E porque Ele é o Senhor de todas as coisas, esse negócio de "secular" não existe. Todas as coisas foram criadas através d'Ele e para Ele. Ele é o herdeiro de tudo o que há e derramou o Seu sangue para ver tudo reconciliado.

A mensagem é o Reino

Isso quer dizer que, quando pregamos apenas a salvação, estamos perdendo a maior parte da mensagem do Reino de Deus. Salvação é essencial. Não há outro caminho para se entrar no Reino. Mas ela é a entrada, e não o objetivo final, ou o Reino por completo. Fazendo da salvação o nosso alvo, perdemos a maior parte da mensagem do Evangelho. Consequentemente, não conseguimos dar frutos em toda boa obra, porque apenas com a salvação não podemos crescer no conhecimento divino sobre todas as outras áreas. Não podemos ser fortalecidos com todo poder, pois não temos o "pleno conhecimento da vontade de Deus com toda a sabedoria e entendimento espiritual". Logo, somos a maior Igreja da História, mas a mais fraca quando se trata de influenciar as vidas, comunidades e nações que alcançamos.

Precisamos destruir esse pensamento dividido em secular e sagrado e retomar o Evangelho do Reino. Então, não somente nossas palavras como nossas ações e influência testemunharão a supremacia absoluta de Cristo e de Sua mensagem. Mas como poderemos restaurar nossa mentalidade cristã? Como retomaremos o Evangelho do Reino?

Existem somente dois reinos

Um cuidadoso estudo da Palavra de Deus revela dois reinos. De acordo com um deles, Jesus é Senhor sobre todas as coisas e, no outro, não é. Na perspectiva divina, no entanto, todas as coisas são integradas sob Sua suprema autoridade. A não ser a judaico-cristã, as outras cosmovisões pressupõem que uma parte da criação é mais real que a outra. Esse debate inclui os dilemas dos direitos do "indivíduo *versus* comunidade" e da "regra *versus* exceção". Os cientistas também falam sobre "o material *versus* o imaterial", "o visível *versus* o invisível". Na linguagem teológica, discutimos usando os termos "temporário *versus* eterno", "terreno *versus* celestial". Já o existencialismo enfatiza a realidade não mensurável — experiências e emoções —, e o Comunismo, a matéria mensurável.

O hinduísmo, o budismo e o islamismo também proclamam que o que é terreno é irreal — a realidade é o mundo invisível. O racionalismo diz que se eu for capaz de dissecar com minha lógica, então é real. Só que o Deus da Bíblia diz que não existem todos esses "*versus*". Afinal, tudo pertence a Ele e o que foi criado veio d'Ele, para Ele e é reconciliado com Ele através do sangue derramado por Jesus Cristo. Isso é o que Paulo está tentando comunicar em Colossenses 1, assim como todos os outros autores do Novo Testamento durante a explosão de crescimento das igrejas judaicas e gentias.

A única maneira pela qual conseguiremos viver no Reino da Luz é através da integração de tudo o que existe sob o senhorio de Jesus Cristo. Precisamos casar novamente todos os elementos do Reino de Deus que foram separados por causa da nossa mentalidade dividida. É necessário acabarmos com a escuridão das nossas mentes, rejeitando o conceito de sagrado e secular e o dualismo de um mundo perdido. O Senhor não é justo ou misericordioso; Ele é os dois. Ele não é o Deus da Terra ou o Deus do Céu; Ele é ambos. Deus não se preocupa mais com o invisível do que com o visível. Ele é o Senhor do sobrenatural e da Ciência. Deus não está apenas redimindo Sua criação humana; Ele está redimindo Sua criação material também. Ele se preocupa com cada ave, espécie e planta que criou e não está alienado quanto às questões ambientais. Ele é o Autor e o aperfeiçoador do meio ambiente. Esse Cristo não está concentrado apenas na justiça celestial e cego quanto à terrena. Ele sofre com os que sofrem e chama Seu povo para dar voz aos injustiçados.

As chaves para a grandeza no Reino

Em Mateus 5, Jesus revela as chaves da grandeza no Reino dos Céus. Ele diz que devemos integrar os ensinamentos da Lei e dos profetas com aqueles sobre a graça, a Cruz e o Espírito Santo, e que todo aquele que praticar e ensinar esses mandamentos será chamado grande (cf. Mateus 4.19):

PRECISAMOS DE UM JESUS SUPREMO!

Não pensem que vim abolir a Lei ou os Profetas; não vim abolir, mas cumprir. Digo-lhes a verdade: Enquanto existirem céus e terra, de forma alguma desaparecerá da Lei a menor letra ou o menor traço, até que tudo se cumpra. Todo aquele que desobedecer a um desses mandamentos, ainda que dos menores, e ensinar os outros a fazerem o mesmo, será chamado menor no Reino dos céus; mas todo aquele que praticar e ensinar estes mandamentos será chamado grande no Reino dos céus. (Mateus 5.17-19)

Ele lhes disse: "Por isso, todo mestre da lei instruído quanto ao Reino dos céus é como o dono de uma casa que tira do seu tesouro coisas novas e coisas velhas". (Mateus 13.52)

Se não integrarmos o Antigo ao Novo Testamento e não os ensinarmos unindo o espiritual e o material, o celestial e o terreno, o visível e o invisível, então não veremos o verdadeiro Jesus.

Para Deus, as nações não são focos de evangelismo, mas estratégias para Ele se revelar [...] Elas já estavam no coração do Senhor quando Ele criou o Universo e estarão diante de Seu trono por toda a eternidade. O Seu plano é a redenção dos indivíduos, como também a reconciliação para as nações.

CAPÍTULO 15

Precisamos da perspectiva de Deus sobre as nações

> Pede-me, e te darei as nações como herança e os confins da terra como tua propriedade. (Salmos 2.8)

> Depois disso olhei, e diante de mim estava uma grande multidão que ninguém podia contar, de todas as nações, tribos, povos e línguas, de pé, diante do trono e do Cordeiro, com vestes brancas e segurando palmas. E clamavam em alta voz: "A salvação pertence ao nosso Deus, que se assenta no trono, e ao Cordeiro". (Apocalipse 7.9-10)

Já vimos que precisamos da perspectiva de Deus sobre as nações. Para isso, devemos voltar às Escrituras a fim descobrir qual o destino da Igreja em relação a todos os propósitos e planos divinos. Qual é o nosso destino aqui no planeta Terra? Com frequência, oramos: "Seja feita a Sua vontade, assim na Terra como no Céu". E qual seria a vontade do Pai para nós aqui? Vamos começar olhando o que não é.

Nosso destino não é a salvação

Cristo morreu para nos salvar e deseja que todos sejam salvos. O único caminho para o Seu Reino é através de Jesus Cristo, mas a salvação não é o objetivo final. O novo nascimento é apenas um meio para se alcançar um fim. O problema é que, quando não ensinamos a Palavra de Deus de maneira completa, geramos desesperança. Deixamos as pessoas com um sonho sobre o Céu, mas sem uma compreensão de seus destinos aqui na Terra. Quando saímos pelo mundo ensinando apenas a salvação, estamos negligenciando o restante do plano do Senhor.

Nosso destino em Deus não é sermos cheios do Espírito Santo

O poder de Deus através do Espírito Santo é algo essencial e maravilhoso — o Consolador vivendo dentro de nós. Não podemos ser bem-sucedidos sem Ele. Porém, estarmos cheios da Sua presença não é nossa única finalidade. Novamente, as ferramentas espirituais são o meio para alcançar um propósito, mas não o alvo em si. As pessoas que entram no Reino e ficam indo de encontro em encontro apenas para serem renovadas e cheias, estão enganando a si mesmas. O Senhor tem muito mais! O Espírito Santo em nós, é parte do grande rio de Deus que existe para nos mover. Ele é nossa capacitação para irmos. Mas para onde?

Nosso destino não são os milagres

Deus criou o *cosmos*; dividiu o Mar Vermelho; Jesus alimentou quatro e depois cinco mil pessoas com alguns peixes e pães, e cada um desses milagres nos ensina algo específico. Porém, se não entendermos a lição que veio com eles, seremos como os discípulos no barco (cf. Mateus 16.5-12). Eles viram o menino, os peixes e o pão, bem como a multidão. Eles seguraram os pães, partindo-os e distribuindo-os. Em seguida, eles pegaram as sobras e as colocaram em doze cestos grandes. Eles viram, experimentaram, tocaram e comeram o alimento milagroso. E então, algumas horas depois, quando estavam na embarcação com Jesus, um deles se dá conta de que esqueceu o pão. O Mestre os repreende, chamando-os de "homens de pequena fé", pois viram e experimentaram o milagre, mas não compreenderam o que Deus estava ensinando através dele. O resultado foi que, ao entrarem no barco, não tinham nada — nem pão, nem entendimento. Um milagre sempre aponta para algo da natureza e do caráter divino e para como Ele quer que pensemos. São maneiras de Ele nos preparar. Mas para quê?

Nosso destino não são as igrejas

As igrejas são essenciais para o plano Deus, mas também não são o Seu objetivo. A Sua estratégia não é ter Seu povo no templo vinte e quatro horas por dia, sete dias por semana. Seu desejo é usar a igreja para nos preparar para cumprir o Seu trabalho. Mas qual é o trabalho?

O mandato de quatro mil anos

Por quatro mil anos, Deus tem tentado nos revelar o nosso destino. Antes e depois da Queda, até Jesus e o Apocalipse, Ele procura explicar Sua "vontade na Terra". Que propósito o Senhor tem para nós? Como povo criado à Sua semelhança, qual o nosso destino para esta vida? Ao entrarmos no quinto milênio de Seu plano, estamos ainda sem compreender.

Adão — Abraão — Jesus

Para Adão, Deus falou: "[...] Sejam férteis e multipliquem-se! Encham e subjuguem a terra [...]" (Gênesis 1.28). Algumas traduções trazem "dominem" ou "cultivem a terra". A raiz da palavra "cultivar" é *cultos*, que é a mesma para a palavra "cultura". Em essência, o Senhor está dizendo: "Encham a Terra e formem tribos, nações, povos e culturas". Para Abraão, Ele disse: "[...] farei seus descendentes tão numerosos como as estrelas do céu e como a areia das praias [...] e, por meio dela, todos os povos da terra serão abençoados [...]" (Gênesis 22.17-18). Mais uma vez, multipliquem! Cultivem! E, através de Seu Filho, Jesus, o Pai repete Seu mandato: "[...] preguem o evangelho a todas as pessoas" (Marcos 16.15); "[...] a todas as nações [...]" (Lucas 24.47). Por quatro mil anos, Deus tem articulado repetidamente nosso destino: Cristo revelado às nações. Para entendermos isso e recebermos a nossa herança na Terra, devemos ver as nações através da perspectiva divina.

Já entendemos a necessidade de "alcançar" as nações e que existe uma enorme população na Janela 10/40[1], na qual devemos nos concentrar. Sabemos que é preciso enviar obreiros para as tribos e línguas que não possuem testemunho algum. Só que, quando vemos 50% de uma população convertida e igrejas implantadas, temos a tendência de pensar que o nosso trabalho está completo, quando, na realidade, isso é só o começo.

O que é uma nação?

Qual a visão de Deus sobre nações? O que Ele está tentando nos comunicar através de Sua Palavra sobre Seu propósito para as tribos e os povos? Para compreendermos o Seu coração, temos de começar pelo início, em Gênesis. Se você marcar na sua Bíblia todas as vezes que a palavra "nação" é mencionada, começará a pensar que está lendo um livro que só fala sobre isso. O Senhor fala sobre comunidades mais do que qualquer outro assunto, e elas são enfatizadas no início e no final, quando se juntam diante do trono de Deus. Antes da Queda, Ele planejava que o Homem enchesse cada canto da Terra e desenvolvesse culturas, e mesmo depois do Pecado, o plano continuou. Em Gênesis 10, começamos a ver a celebração

---

[1] N.E.: Termo criado em 1990 pelo missionário Luis Bush para designar a região localizada entre os graus 10 e 40 ao norte da linha do Equador, compreendendo trechos da Europa, África e Ásia, onde existe um alto nível de desigualdade socioeconômica em diversas áreas e, em especial, resistência à entrada do Evangelho.

das nações e podemos quase sentir a alegria do Senhor ao relatar a multiplicação das tribos, cada uma com suas próprias terras, línguas e culturas. Ele ama a diversidade e a multiplicação, bem como esse processo gigantesco de migração e restabelecimento de novos povos. Deus tem tanto prazer com o conceito do surgimento de novas nações, que a Sua principal bênção para alguém que está ferido ou está em sofrimento é a promessa de que o transformará em algo novo.

Uma nova nação é uma bênção

Ao chamar Abraão de sua terra natal, Deus prometeu fazer dele pai de uma grande "família de nações". Quando Ismael foi expulso da tribo de seu pai, o Senhor também o abençoou e fez dele uma grande nação. Já Ló foi violentado em sua nova terra e, ao partir em derrota, Deus o encorajou com a promessa de duas nações. Dá para sentir o coração do Senhor? Ele estava feliz, fazendo o que ama; multiplicando as pessoas à Sua imagem e criando nações. Quando Rebeca estava grávida, o Senhor disse: "[...] Duas nações estão em seu ventre [...]" (Gênesis 25.23). Para Ele, ser escolhido para gerar uma nova nação era uma honra e Ele os estava usando para alcançar algo muito precioso. Deus ama indivíduos e povos, cada uma com sua própria terra, língua e cultura.

Impérios não são uma bênção

No capítulo 11 de Gênesis, encontramos a história da Torre de Babel. Já ouvi inúmeras mensagens sobre ela, mas nunca uma explicação sobre qual foi o verdadeiro pecado deles. Geralmente, nós nos focalizamos na torre que o povo quis construir para chegar aos Céus e no orgulho daquela pretensão, e vemos isso como o uso da Ciência e da tecnologia para exaltar a si mesmo acima de Deus. Só que a Torre de Babel é apenas o símbolo, e não o pecado em si. O que, de acordo com essa história, leva o Senhor a agir de maneira tão drástica? No versículo quarto, os homens dizem: "Vamos construir uma cidade, com uma torre que alcance os céus. Assim nosso nome será famoso e não seremos espalhados pela face da terra". Aquele povo, ao interromper as migrações de pessoas, queria se juntar na planície de Sinear para construir uma "mega nação", com uma só língua, cultura e governo. Eles queriam se tornar o povo mais poderoso na face da Terra. Mas o plano de Deus era a multiplicação e a diversidade, enquanto eles desejavam um império. O Senhor destruiu a ambição deles. O propósito deles foi destruído, assim como todos os sonhos de domínio foram derrotados na História. Isso mostra que Deus está determinado a continuar multiplicando e criando nações.

Nações não são alvos

Para Deus, as nações não são focos de evangelismo, mas estratégias para Ele se revelar. Elas não são uma maneira conveniente de se dividir o trabalho evangélico, ou alvos comoventes para a tarefa de missões. Elas já estavam no coração do Senhor quando Ele criou o Universo e estarão diante de Seu trono por toda a eternidade. O Seu plano é a redenção dos indivíduos, como também a reconciliação para as nações.

Em Gênesis, desde a origem do *cosmos*, do Homem, da Família e dos povos, Deus estava nos revelando os detalhes do nascimento de uma nação. Usando Israel como modelo, Ele revela Seus planos para a cultura humana. O Senhor disse a Abraão que, por meio dele, todos os povos da Terra seriam abençoados (cf. Gênesis 12.3; 18.18). Para Isaque, Ele repetiu: "[...] por meio da sua descendência todos os povos da Terra serão abençoados" (Gênesis 26.4). Para Moisés, no deserto, deu ensinamentos acerca de como formar uma nação para que, através dela, outras fossem abençoadas (cf. Deuteronômio 4.5-8). Deus fala que está escolhendo Israel pelo fato de ser um povo pequeno e subdesenvolvido. A aplicação desses Seus princípios, então, os tornaria a maior nação da face da Terra. Ele iria usá-los para se revelar aos outros, o modelo do que Ele deseja para todos os povos, em todos os lugares, para sempre.

Todos os profetas profetizaram às nações

Se observarmos os profetas do Antigo Testamento, todos os dezessete profetizaram para as nações. Cada um deles tinha uma palavra de Deus para, pelo menos, um público específico, e, muitos, para vários povos. Hoje, as profecias são, geralmente, dirigidas ao indivíduo ou à Igreja, o que não está errado, mas, de acordo com as Escrituras, não era esse o foco dos profetas. Amós, por exemplo, um simples pastor de ovelhas de Israel, tinha um entendimento maior das estratégias do Senhor do que temos atualmente.

Quando lemos sobre os milagres de Deus, como a divisão do Mar Vermelho e a derrota do exército egípcio, não se trata apenas sobre o Seu amor pela nação judaica, mas por todas. Estamos vendo até onde Ele pode ir em prol de um povo, movendo céus e terra para preservar a revelação de Si mesmo. Essa não é uma mensagem para uma nação só, pois, em outras palavras, Ele está dizendo a todas as outras: "Eu vou te abençoar para que todas as nações do mundo sejam abençoadas". Era a vontade do Senhor que eles fossem libertos, que possuíssem terras e o direito de receber as Suas bênçãos, tornando-se exemplos de Sua grandeza.

Nações são milagres

As nações são milagres. Elas nascem por causa da vontade de Deus e têm sua origem no Criador; não podem existir, a não ser por Seu querer. O Senhor fez uma aliança com todos os povos e ela permanece para sempre, a não ser que o povo a quebre. Ele, em termos simples, disse a Israel: "Todas as outras nações podem ser destruídas, mas você não, por causa da Minha aliança". Vemos que Deus vai ao extremo de remover os direitos das nações que se tornam virulentas. Entretanto, não é isso que Ele quer. O Seu desejo sempre é alcançar e discipular esses povos doentes.

PRECISAMOS DA PERSPECTIVA DE DEUS SOBRE AS NAÇÕES

Jesus retoma de onde os profetas pararam

Ao continuarmos através do Novo Testamento, vemos que Jesus retoma o antigo tema de dois mil anos e ordena que multipliquemos e discipulemos todas as nações. A visão que começou com Adão não muda. Os propósitos de Deus para todos os povos continuam através das Boas Novas da retidão em Cristo. Em Mateus, Ele diz: "Não pensem que vim abolir a Lei ou os Profetas; não vim abolir, mas cumprir [...] Todo aquele que desobedecer a um desses mandamentos [...] será chamado o menor no Reino dos Céus; mas todo aquele que praticar e ensinar estes mandamentos será chamado grande no Reino dos Céus" (Mateus 5. 17-19). Jesus estava dizendo que a chegada da salvação não elimina a necessidade de se pregar e ensinar os princípios sobre como se viver em comunidade. Devemos pregar sobre a salvação e ensinar sobre como se constrói uma nação. Quando pregamos somente o Novo Testamento, estamos ensinando às pessoas a serem as menores no Reino dos Céus. E é bom que elas estejam lá, mas Deus deseja mais. Ele quer liberar influência e grandeza e, para isso, devemos voltar a discipular usando a Bíblia inteira.

Recebi, não faz muito tempo, um *e-mail* da Argentina. Os líderes do avivamento de lá enviaram uma carta pedindo perdão ao Corpo de Cristo no mundo todo, dizendo que, em seu zelo por evangelismo e implantação de igrejas, eles haviam falhado em lidar com as questões de justiça e economia. Eles se sentiam, em parte, responsáveis pela crise nacional que estava acontecendo nessas duas áreas. Essa é uma resposta humilde a um fato devastador: perdemos muito da mentalidade divina. Alcançamos as nações, mas as deixamos com as injustiças, enfermidades, analfabetismo e pobreza. Não temos mais as chaves da influência do Reino que traz bênçãos a uma sociedade. Essa é a má notícia. A boa notícia é a de que Deus deseja que recebamos de volta essas chaves em nossa geração.

Paulo compreende o amor de Deus pelas nações

Creio que Paulo é o principal arquiteto e autor do Novo Testamento, porque ele entendeu as nações segundo a perspectiva de Deus. Alguns dos apóstolos queriam que o cristianismo fosse uma ramificação da cultura judaica, mas Paulo contestou e disse que as Boas Novas de Cristo não servem para serem subjugadas por cultura nenhuma. Elas são a mensagem do Senhor a todos, e devem ser expressas de maneira própria, através de suas várias línguas e culturas. Se Paulo não tivesse vencido com esse argumento, nós estaríamos cantando canções judaicas e dançando suas danças. Contudo, o apóstolo defendeu o direito de a diversidade de Deus ser revelada eternamente através de todos os povos.

Nações, tribos e povos são eternos

Em Apocalipse, vemos uma descrição do trono de Deus e da multidão que está diante d'Ele. Como eles estão reunidos? Por denominações? Não. Por famílias? Não. Por nações! A sua nacionalidade é eterna! É parte da Nova Jerusalém! O multiculturalismo será celebrado pelos séculos dos séculos. As nações expressam a diversidade divina e de Sua natureza. No Novo Mundo, apareceremos com toda a nossa glória nacional, trazendo nossos tesouros de justiça, saúde, sabedoria, amor, beleza e riquezas diante de Seus pés, declarando que Ele é a fonte de tudo o que temos de bom. Os reis e governantes apresentarão a glória de suas nações diante do Altíssimo (cf. Apocalipse 7.4-10).

Até os dias de hoje, os judeus não compreendem que sua bênção e seu destino como nação se encontram também na prosperidade de outras. E parece que nós, cristãos, também não entendemos isso. O Senhor não está apenas atrás de uma Igreja grande, Ele deseja diversidade e profundidade. Ele almeja salvar indivíduos e alcançar as nações, mas também ensiná-los e trazer uma demonstração da Sua glória e verdade na Terra. E como fazemos isso? Está tudo no Livro. O trabalho de Moisés foi ensinar ao menor

PRECISAMOS DA PERSPECTIVA DE DEUS SOBRE AS NAÇÕES

povo, o mais pobre e mais destituído na História, sobre Deus e Ciência, Justiça, Economia, Família, Adoração, Sabedoria, Beleza, Saúde e muitas outras áreas; resumidamente, Deus e todas as esferas da vida. Essa revelação nada mais é do que aprender a pensar e viver como Ele faria se estivesse em nosso lugar. Moisés escreveu tudo nos cinco livros da Lei para que o povo judeu, bem como os povos de todas as nações, tivesse as chaves para alcançar as bênçãos do Reino.

Então, como construímos grandes nações para esse Reino? Damos a elas os ensinamentos divinos por completo. Que mensagem! Que Deus! Um Senhor para todas as nações!

Quando deixamos Deus fora dos nossos empregos e vamos ao trabalho só para ganhar dinheiro, então "o sal perde todo o seu sabor". Quando a "luz do mundo" é fraca, a escuridão predomina sem dificuldades. Nós, cristãos, somos o sal e a luz. Podemos ser o problema ou a solução.

CAPÍTULO 16

Precisamos de uma perspectiva bíblica sobre as profissões

> Porque somos criação de Deus realizada em Cristo Jesus para fazermos boas obras, as quais Deus preparou de antemão para que nós as praticássemos. (Efésios 2.10)

> Deus os abençoou, e lhes disse: Sejam férteis e multipliquem-se! Encham e subjuguem a terra! [...] (Gênesis 1.28)

Amo observar as crianças, pois elas são um microcosmos das nossas próprias preocupações sociais e físicas e vivem a vida exteriormente, sem sutileza ou inibição. Ao observá-las, na maioria das vezes, consigo entender melhor as outras pessoas tanto quanto a mim mesma. Elas sabem o que amam e amam aquilo para o que foram criadas. Elas irão, em um ambiente livre para criatividade, usar seus dons.

Um colega de trabalho me contou que, certa vez, sua filha de três anos o parou quando ele saía de casa. Ela achou que o que ele vestia não estava combinando e começou uma rotina matinal, que durou por vários anos, de escolher as suas roupas. E ela era boa nisso. Seu senso de cores, moda e charme já estavam ali, mesmo com pouca idade! Outra amiga minha, que hoje é a pessoa responsável pela agenda do gabinete do ministro de uma nação, quando criança, criava uma escrivaninha de secretária imaginária com telefone, agenda e calculadora, e brincava de fazer reservas de passagens aéreas. Eu mesma costumava montar um pequeno palanque e reunir todos os meus amigos, discursando para eles. Desde cedo, estava evidente na minha vida que meu futuro iria envolver palestras! Assim, também, as crianças, criadas à imagem de Deus, sabem que possuem talentos e amam aquilo que foram feitas para desempenhar.

Trabalho é adoração

Portanto, se quisermos revelar o Reino e toda a Sua glória com confiança, em primeiro lugar, precisaremos da perspectiva de Deus sobre profissões e trabalho. Uma grande parte de como O conhecemos e O desfrutamos é cumprindo a função que Ele nos designou. Na verdade, evidenciamos o Senhor através do trabalho das nossas mãos. Assim como Ele revelou a Si mesmo por meio da Sua criação, nosso serviço reflete quem somos, o que cremos e a quem adoramos. Por outro lado, uma das experiências mais degradantes para os seres humanos, é sentirem que não têm nada para contribuir ou terem a sua contribuição rejeitada, ou desvalorizada. Mas Deus nos deu seis dias para adorarmos mediante o trabalho e um para o descanso.

Com a nossa concentração nos ministérios tradicionais da Igreja — evangelismo e missões — e nossa dicotomia secular-sagrado, perdemos a teologia do laicato, ou seja, a perspectiva de Deus sobre o trabalho fora da instituição. No início dos anos 1970, quando eu começava em missões, lamentávamos os "cultos fúnebres" que as igrejas frequentemente faziam para aqueles que estavam "dando suas vidas" para missões e que o chamado missionário era o maior que podia existir na Terra. Pensávamos que o Senhor tinha nos liberado para sermos aquilo que Ele nos criara para ser. Hoje, nos círculos ministeriais, temos nossos próprios "funerais" para aquelas pobres almas que estão indo arrumar um emprego para voltar ao trabalho "secular". Ao deixarmos a cegueira quanto ao chamado missionário tomar conta, desenvolvemos uma nova cegueira quanto ao chamado divino para o resto da sociedade.

Tom Marshall estimou que talvez 20% do povo de Deus seja chamado para o trabalho eclesiástico da Igreja e 80% chamado para servir o Reino através de outras profissões. Porém, durante o último século, temos desvalorizado tanto o ofício fora da igreja que muitos no Corpo de Cristo sentem que não possuem talentos legítimos, porque não sabem pregar ou evangelizar, por exemplo. Eles estão sentados nos bancos das congregações pelo mundo todo desejando servir ao Senhor de verdade.

Nossa visão para um homem ou para uma mulher de negócios é que ganhem bastante dinheiro para ajudar em missões, ou no programa de implantação de igrejas. Líderes podem trabalhar como tesoureiros na instituição. Nosso alvo para os professores, é a escola dominical. E para os comunicadores? Bem, temos os informativos e o quadro de avisos que precisam de atenção. Artistas, músicos e dançarinos são sempre bem-vindos nos ministérios de louvor e evangelismo. Eles também podem ajudar criando *banners* para o momento de adoração. E os cientistas, os técnicos? Esse são difíceis de encaixar. Será que podem ajudar consertando o encanamento e os ônibus da igreja? Desenvolver a parte de engenharia para o nosso programa de construção? Já os líderes políticos e advogados demandam certa criatividade para serem posicionados dentro da comunidade local.

O resultado dessa mentalidade é que a maioria do povo de Deus vai ao trabalho cinco ou seis dias por semana para ganhar dinheiro e esperam os domingos para poderem fazer algo para o Senhor. Que tragédia! Não é de se admirar que sejamos uma Igreja sem influência, pois assim que passamos para o lado de fora do santuário, ficamos sem saber o que fazer pelo Reino de Deus. O que perdemos é uma teologia de trabalho e os propósitos divinos para todos os dons e talentos. Se queremos reconquistar a influência histórica dos cristãos em nossas sociedades, temos de recuperar a perspectiva de Deus sobre todas as profissões.

Quem secularizou o quê?

Gostaria de fazer uma proposta radical. Hoje em dia, falamos muito sobre a secularização da sociedade, do Natal, da Igreja, do domingo e tantos outros aspectos. E é verdade que muito da nossa cultura, incluindo a religiosa, tem se transformado em empreendimentos de negócios vazios, em termos dos seus reais significados. Mas quem é responsável por esse processo? Muitos cristãos acreditam que a culpa é dos perdidos, mas isso não faz sentido. Eles são apenas perdidos; não conhecem o Senhor e não têm a capacidade de mudar. Eles vivem, sim, em um mundo secular, mas, porque o Deus vivo não está presente no ambiente deles. Os cristãos, por outro lado, têm escolha! Podemos rejeitar a secularização, porque Deus faz parte da nossa realidade. No entanto, quando aqueles que O conhecem e se chamam pelo Seu nome O deixam de fora da maior parte das suas vidas e não conseguem ser luz fora do contexto religioso, a sociedade se mergulha profundamente nas trevas. Quando deixamos Deus fora dos nossos empregos e vamos ao trabalho só para ganhar dinheiro, então "o sal perde todo o seu sabor". Quando a "luz do mundo" é fraca, a escuridão predomina sem dificuldades. Nós, cristãos, somos o sal e a luz. Podemos ser o problema ou a solução.

A visão de Deus sobre as profissões

Quando Deus criou o *cosmos*, deu à raça humana uma parte muito específica e maravilhosa de Seu plano: fomos feitos por Ele para cuidar do Seu mundo material e para desenvolver a cultura humana, que revelaria a Sua imagem completa. Seu mandato em Gênesis 1.28 não é para que sejamos fazendeiros, mas para que usemos nossa vocação para criarmos conforme o Seu padrão em cada um de nós. Alguns manifestam

Jeová-Jireh — o Deus Provedor — com sua destreza empresarial e nos Negócios. Outros, com paixão por justiça, lutam para construir a sociedade por meio do sistema judiciário. Há ainda aqueles que são literalmente compelidos pelo Senhor a tornar a vida mais bonita através das Artes. Sua paixão é expor a beleza divina. Existem os que, por amor à Verdade, tornam-se comunicadores e educadores. Pessoas ansiosas por descobertas tornam-se cientistas e exploradores, indo até o fim para descrever nossa realidade, nosso mundo e o *cosmos*, aprendendo sobre a criação de Deus. Outros, ainda, possuem uma paixão por apresentar o Deus Pai, formando futuras gerações para conhecê-lO e desfrutá-lO para sempre. E há também aqueles que desejam ajudar todos a conhecerem o Senhor no íntimo e a compreenderem o que é uma vida dedicada a Ele por completo em todas as áreas, da Família ao trabalho. No ministério, buscamos evidenciar o Grande Sumo Sacerdote a todo o Corpo de Cristo. Ou seja, nossas competências são, sim, diferentes, mas todos somos capazes de revelar Deus mediante nossas habilidades e testemunho diário.

Retratos reais

Tenho o grande privilégio de poder viajar o mundo e encontrar vários membros do povo de Deus, espalhados por ele. Algumas vezes, a ideia de pegar mais um avião me parece insuportável, porém, conhecer uma nova cultura e um novo grupo de cristãos nunca é cansativo. A diversidade de Deus é divertida. Entretanto, tenho lembranças de várias localidades, de irmãos em Cristo afetados pela nossa perda da revelação no âmbito mais amplo da sociedade. Lembro-me de conhecer um homem de negócios sueco bem-sucedido que chorou quando nos ouviu falar sobre o chamado divino para a sua área. Ele me disse que, por algum motivo, durante sua vida toda, ele sempre soube que essa visão de Deus sobre os Negócios era verdadeira, porém nunca havia escutado a Igreja confirmar isso. Lembro-me também de uma estudante de medicina inglesa que leu este material no meu *site* e me escreveu para dizer que já havia pensado em abandonar a Escola de

PRECISAMOS DE UMA PERSPECTIVA BÍBLICA SOBRE AS PROFISSÕES

Medicina porque queria desesperadamente servir ao Senhor, mas agora tinha compreendido que ser uma médica não a impedia disso. Um engenheiro de saneamento também se desfez em lágrimas quando ouviu o mandato de Deus para a área da Ciência e disse que ninguém da comunidade cristã, até então, tinha validado seu trabalho de ajudar a manter sua sociedade saudável. Seu irmão missionário recebia honras todas as vezes que visitava sua igreja junto com ele, mas essa era a primeira vez que ouvia que sua profissão tinha valor aos olhos de Deus. Um homem de negócios indiano quase começou a pular de alegria com a notícia de que o seu dom era algo concedido pelo Pai. Infelizmente, alguns cristãos da Índia desenvolveram um sistema de castas para as profissões, em que os Negócios eram considerados uma atividade pouco relevante. Também houve o caso do cristão sul-africano que descobriu que a sua profissão de transformar antigas minas (centros de mineração) em comunidades habitáveis, era um chamado sagrado. Ele tinha recebido milhões em arrecadações de impostos, designando-os para transformar as minas, símbolos de injustiça e ganância, que eram culpados pela destruição da estrutura familiar nas comunidades negras, em algo que traria qualidade de vida. Ele ficou surpreso ao ver quanta instrução havia na Palavra de Deus sobre o seu trabalho.

Diante desse cenário, em uma entrevista para uma revista cristã da Suíça, já chegaram a me perguntar: "O que você diria àqueles que estão convencidos de que um cristão não deve se envolver com Política sem sujar suas mãos e comprometer seu testemunho?". E isso está longe de ser um conceito isolado.

Se queremos nos tornar uma Igreja de influência, devemos adotar a perspectiva de Deus sobre todas as profissões. Isso significa uma reforma em nossa mentalidade sobre aqueles chamados para servir à sociedade fora da estrutura eclesiástica. Para conseguirmos restabelecer a visão divina sobre o trabalho, devemos reconhecer a importância de nossa função como cristãos de servir em qualquer lugar. Jesus resumiu toda a Lei e os profetas com dois mandamentos:

[...] "Ame o Senhor, o seu Deus de todo o seu coração, de toda a sua alma e de todo o seu entendimento". Este é o primeiro e maior mandamento. E o segundo é semelhante a ele: "Ame o seu próximo como a si mesmo". (Mateus 22.37-39)

Ele estava enfatizando radicalmente a Deus e a sociedade como devendo ser o nosso maior foco. Dessa forma, precisamos de uma geração que se tornará saturada com a Palavra de Deus, e que conseguirá articular os propósitos divinos em todas as áreas da vida mais uma vez.

A missão de cada profissão

O juramento de Hipócrates, apesar de não ter origem cristã, tem conduzido o pensamento e o compromisso dos médicos do mundo todo por mais de dois mil anos.[1] Na mesma intensidade, qual seria o resultado se todos os cristãos do mundo conseguissem compreender a perspectiva de Deus quanto a toda Sua criação? O que aconteceria se passassem a ver seu trabalho como um chamado d'Ele e um serviço ao Seu Reino? O que aconteceria se, inspirados pelo Espírito Santo, começássemos a fazer um compromisso com a Justiça, Educação, Mídia e Ciência? Será que é possível que a única coisa de que nossas sociedades precisam é que os cristãos parem de ser "seculares"? É possível que as trevas do mundo sejam, na verdade, quase nada e que tudo que é preciso é que a luz dos cristãos comece a brilhar?

Tenho um sonho. Nessa visão de futuro, vejo uma geração que consegue comunicar e aplicar a visão divina sobre Justiça Civil, Economia, Ciência, Educação, Família, Artes, Comunicação e sobre os ministérios da Igreja. Vejo uma geração de cristãos que cresceu acreditando que o que amam fazer é um dom de Deus. Sonho com esses jovens cristãos no mundo todo fazendo compromissos de dedicação aos seus chamados específicos e com uma geração que está disposta a morrer pela justiça, provisão e liberdade.

---

[1] **Juramento de Hipócrates**. *Conselho Regional de Medicina do Estado de São Paulo*. Disponível em *https://www.cremesp.org.br/?siteAcao=Historia&esc=3*. Acesso em fevereiro de 2021.

Uma teologia prática para cada área da sociedade

Depois de dez anos estudando as Escrituras, tendo a sociedade e as profissões em mente, este livro é a minha primeira tentativa de articular um mandato vocacional para cada área.

GOVERNO: JUSTIÇA – REI DOS REIS

Prover uma fonte independente e objetiva de julgamento e resolução de conflitos para toda a sociedade e entre as nações, promovendo e garantindo justiça e igualdade para todos os cidadãos.

FAMÍLIA: CRIAÇÃO E AMOR – O PAI CELESTIAL

Promover um ambiente amoroso e seguro para o crescimento e educação da próxima geração.

IGREJA: MISERICÓRDIA E SANTIDADE – O SUMO SACERDOTE

Propagar a fé e o discipulado de todos os cristãos quanto à natureza e o caráter de Deus e de Sua Palavra, aplicada à caminhada cristã e ao trabalho, facilitando a expressão dessa fé por intermédio da adoração, da comunhão dos santos e dos sacramentos da Igreja.

CIÊNCIA E TECNOLOGIA: ORDEM E PODER – O CRIADOR

Descobrir e utilizar as Leis Naturais de Deus para abençoar toda a criação, buscando uma melhoria na qualidade de vida, na saúde e uma melhor administração dos recursos naturais do Universo concebido por Ele.

ECONOMIA E NEGÓCIOS: PROVISÃO – DEUS, NOSSO PROVEDOR (*JEOVÁ-JIREH*)

Prover bens e serviços necessários, além de oportunidades de empregos para toda a sociedade com salários justos.

EDUCAÇÃO: CONHECIMENTO – O GRANDE PROFESSOR (MESTRE)

Desenvolver todo o potencial dos dons e talentos dados por Deus para cada pessoa, a serviço da sociedade, acreditando que Ele dá habilidades para todas as crianças, adolescentes e jovens.

COMUNICAÇÃO E MÍDIA: VERDADE – A PALAVRA VIVA

Trazer informações verdadeiras e relevantes à sociedade como um todo para que os cidadãos possam tomar suas decisões.

ARTES E ENTRETENIMENTO: BELEZA – O OLEIRO, O CÂNTICO DOS CÂNTICOS

Proporcionar descanso e renovação da alma através de beleza e alegria.

Esse é apenas um começo. Contudo, devemos trabalhar juntos para que Deus possa reformar essa geração.
Que venha o Seu Reino, assim na Terra como nos Céus!

Na insegurança, começamos a duvidar do que já temos certeza — que somos aceitos como merecedores do Seu Reino. Quando hesitamos nessa posição, o Diabo nos leva a nos esforçar para provar isso.

CAPÍTULO 17

Precisamos de estratégias bíblicas: tentações no deserto

Não sobreveio a vocês tentação que não fosse comum aos homens [...] (1 Coríntios 10.13)

Pois não temos um sumo sacerdote que não possa compadecer-se das nossas fraquezas, mas sim alguém que, como nós, passou por todo tipo de tentação, porém, sem pecado. (Hebreus 4.15)

Quando estava no deserto, Jesus enfrentou três tentações. Esse incidente de Sua vida é tão importante, que três dos apóstolos o incluíram em seus relatos (cf. Mateus 4.1-11; Marcos 1.12-13; Lucas 4.1-13). Por muitos anos tenho analisado essas três tentações, pedindo a Deus por uma revelação pessoal de como elas se relacionam com a minha vida. Cristo falou que todas as tentações são comuns a todos os homens e que Ele sofreu todas elas, assim como eu e você (cf. 1 Coríntios 10.13; Hebreus 2.18). A mim,

PRECISAMOS DE ESTRATÉGIAS BÍBLICAS: TENTAÇÕES NO DESERTO

parece que a ênfase bíblica sobre esse tema significa que é importante para nós também. Logo, se queremos reconquistar a nossa influência na sociedade, é essencial que entendamos o que enfrentamos todos os dias.

> Então Jesus foi levado pelo Espírito ao deserto, para ser tentado pelo Diabo. Depois de jejuar quarenta dias e quarenta noites, teve fome. O tentador aproximou-se dele e disse: "Se você é o Filho de Deus, mande que estas pedras se transformem em pães". Jesus respondeu: "Está escrito: 'Nem só de pão viverá o homem, mas de toda palavra que procede da boca de Deus'". Então o Diabo o levou à cidade santa, colocou-o na parte mais alta do templo e lhe disse: "Se você é o Filho de Deus, jogue-se daqui para baixo. Pois, está escrito: 'Ele dará ordens a seus anjos a seu respeito, e com as mãos eles o segurarão, para que você não tropece em alguma pedra'". Jesus lhe respondeu: "Também está escrito: 'Não ponha à prova o Senhor, o seu Deus'". Depois, o Diabo o levou a um monte muito alto e mostrou-lhe todos os reinos do mundo e o seu esplendor. E lhe disse: "Tudo isto lhe darei, se você se prostrar e me adorar". Jesus lhe disse: "Retire-se, Satanás! Pois está escrito: 'Adore o Senhor, o seu Deus, e só a ele preste culto'". (Mateus 4.1-10)

Três tentações - três estratégias

No relato de Mateus 4, encontramos as palavras de tentação vindas do Diabo, e as palavras de Deus que Jesus usou para combatê-las. Cada um dos três elementos é vital para a compreensão. Começamos com: "Jesus foi levado pelo Espírito". Essa abertura me deixa chocada e mexe com minhas ideias preconcebidas do que significa quando o Espírito Santo está agindo na minha vida. É surpreendente, mas continuo achando que ser guiada pelo Consolador é muito bom! Irá me levar a lugares maravilhosos!

Mateus diz que Ele foi levado ao deserto. Ao deserto? Eu pensava que o Espírito de Deus tinha de nos levar para a Terra Prometida, para a paz, amor, alegria e para a vida abundante. Bem, Ele também levou Jesus ao deserto.

O propósito do Espírito Santo ao fazer isso foi para que Cristo fosse tentado pelo Diabo. Ele não foi tentado porque Satanás armou algo ou porque tinha algum pecado em Sua vida. Deus o levou a esse ambiente, estrategicamente planejado, para prepará-lO para o Seu chamado. O Adversário estava envolvido, mas o Senhor era o "agente ativo" da situação.

O texto segue: "Depois de jejuar por quarenta dias e quarenta noites [...]". Depois! Quando Ele estava com fome, fraco, isolado e vulnerável de todas as formas, veio o ataque. O Espírito de Deus O levou a jejuar, ao deserto, a um estado vulnerável e, então, permitiu e até incitou o Acusador de Sua alma a vir naquele momento. Isso testa a nossa compreensão quanto aos métodos e ao caráter do Senhor. Mesmo sabendo que a Sua força é provada em nossa fraqueza, ainda acreditamos que os ataques virão quando estamos fortes, mesmo sabendo que devemos diminuir para que Ele cresça. Acreditamos que maturidade espiritual significa que somos mais fortes.

Jesus estava com fome – a simples e enfurecida humanidade de Cristo. Esse entendimento nos confronta quando queremos ser mais que humanos e quando desejamos que o mundo nos veja como fortes e invencíveis. A profunda necessidade humana de que Ele sofreu expõe o nosso desejo orgulhoso de não ter necessidade alguma.

Sua identidade diante de uma necessidade física

Foi no deserto, nessa situação miserável de profunda dificuldade, que "O tentador aproximou-se dele e disse: 'Se você é o Filho de Deus, mande que estas pedras se transformem em pães'". Atenção aqui! Qual é a tentação? O Senhor pode transformar pedras em pães? Claro que sim. Isso não atenta contra o Seu poder. Ele quer prover para Seus filhos? Sim! Ele se preocupa com as nossas necessidades físicas? Claro que se preocupa. Uma criança jamais pedirá pão e receberá uma pedra de seu pai (cf. Mateus 7.9). Não é a autoridade ou o amor do Pai pelos seus filhos que está sendo testado aqui, mas algo muito mais sutil e humano.

A palavra-chave é "se": "Se você é o Filho de Deus [...]". Cristo foi tentado a duvidar de Sua identidade. Em face da necessidade legítima de

Jesus, foi como se Satanás dissesse: "Você é mesmo o Filho de Deus? Você está com fome, com sede, fraco e sujo. Será que é o amado e soberano Messias? Então prove! Faça um milagre para que eu veja! Dê uma pequena demonstração de Seu poder galáctico. Dê de comer a Você mesmo. Produza um pouco de pão milagroso, se é que consegue!".

Mais tarde, em Sua vida ministerial, pelo menos dois de seus milagres públicos foram a produção de uma quantidade milagrosa de pães (cf. Mateus 14.13-21; Marcos 8.1-8). Porém, Sua capacidade de produzi-los não era o teste daquele momento, nem se conseguiria persistir frente a uma necessidade física. O teste foi duvidar de quem Ele era em Deus, duvidar de Sua condição de Filho. Essa é a primeira tentação.

Jesus não cai nessa afronta quanto à Sua identidade e responde: "[...] Está escrito: 'Nem só de pão viverá o homem [...]'" (Mateus 4.4). Ele não nega que está com fome e que, assim como todos os homens, precisa de pão; não começa uma discussão sobre a capacidade de Deus de prover quando há necessidade, mas simplesmente reconhece que pão não é a nossa única necessidade. E continua: "[...] mas de toda palavra que procede da boca de Deus'". Toda Palavra! Não apenas uma ou outra, mas todas elas, incluindo as faladas por Deus no capítulo anterior: "[...] Este é meu Filho amado, em quem me agrado" (Mateus 3.17).

A palavra fora dita através dos profetas, dos anjos, dos reis magos, de Isabel, de Maria, de José e de uma Voz vinda do Céu. Cristo não iria duvidar dela apenas porque estava enfrentando necessidades. O Inimigo acabou derrotado por Jesus, que se firmou nas palavras de Seu Pai sobre quem Ele era.

Fim do primeiro round!

A NECESSIDADE DE DEMONSTRAR AUTORIDADE ESPIRITUAL

Segundo *round*! Novo cenário. O Diabo leva Jesus até a Cidade Santa e o posiciona no ponto mais alto do templo. Como ele fez isso? Foi através de uma visão? Ou Cristo foi transportado da mesma maneira que Filipe experimentou em Atos 8.39-40? Não sabemos. Mas Ele estava experimentando algum tipo de manifestação. Ele estava em um lugar, o deserto e, agora, encontrava-se no pináculo do templo. Que sensação violenta Ele deve ter sentido! Que adrenalina! O contexto havia mudado de uma necessidade física para a exaltação espiritual. Satanás levou Jesus para a Cidade Santa, o templo sagrado, o centro da religião, e o mais alto dos símbolos "espirituais" da Terra.

"Se você é o Filho de Deus [...]" (Mateus 4.6). O Diabo fala as mesmas palavras de antes. A tentação é a mesma então? Sim. No entanto, não mais em um contexto de fraqueza e necessidades físicas. Agora, Jesus se encontrava diante da exaltação espiritual. Jesus estava no alto e olhando para a Sua Cidade Santa do topo do templo, instigado a duvidar de Sua identidade, de que Ele era o Filho, e a ter de provar isso! Seria Sua oportunidade de mostrar para todos quem Ele era.

Essa é uma tentação perigosa! Se você já serviu ao Senhor de alguma forma, também já a experimentou. Talvez, em algum momento, as mãos de Deus ou de Satanás o levaram a uma posição proeminente, a um lugar de destaque, em que se é "visto" pelos outros no ministério. De um lado, você sente alegria de poder servir ao Criador de uma maneira especial. Tem um desejo genuíno de usar essa exposição para ajudar mais efetivamente as pessoas. Porém, sempre há algo mais se agitando no seu interior, como uma luta: "Você acredita de verdade que Deus pode lhe usar?". "Você é bom mesmo? Então prove! Faça algo espetacular!". Essa tentação vem para incitar se somos ou não competentes em nosso ministério.

A tentação nos leva a querer justificar nossa autoridade espiritual em vez de mantermos o nosso foco no Pai. Começamos a precisar de "orações maiores", pregar sermões melhores e ver mais milagres. Não demora muito e a necessidade de ver o "espetacular" se torna o nosso alvo. A ênfase muda para longe do propósito, da simples e segura obediência à vontade divina, e passa para o nosso próprio desempenho e necessidade de provarmos que somos herdeiros de Deus.

Na mesma intensidade, Satanás desafiou Jesus a se jogar para baixo do templo e ainda lhe deu uma razão "bíblica" para fazê-lo: "[...] Pois está escrito: Ele dará ordens a seus anjos a seu respeito [...]" (Mateus 4.6). Sempre que somos tentados na área religiosa ou espiritual, o Maligno irá colaborar com um versículo da escolha dele, auxiliando-nos a justificarmos nossas inseguranças e nos levando a acreditar que estamos mesmo fazendo a vontade de Deus. Pensamos: "Isso não tem nada a ver com provar minha espiritualidade, estou é dando uma oportunidade ao Senhor revelar quem Ele é", mas Deus não precisa disso!

Agora, Jesus responde: "[...] está escrito: Não ponha à prova o Senhor, o seu Deus" (Mateus 4.7). Ele sabia que não estava na Terra para defender Seu Pai, mas para obedecê-lO, cumprir Sua vontade e demonstrar quem Ele era. Sua função não era criar circunstâncias difíceis para que Deus pudesse provar Sua fidelidade. Cristo não veio para testar o Senhor, mas para servi-lO.

COMUM A TODOS: IDENTIDADE

Existem tentações básicas e comuns a todos aqueles chamados para seguir a Jesus. Na insegurança, começamos a duvidar do que já temos certeza — que somos aceitos como merecedores do Seu Reino. Quando hesitamos nessa posição, o Diabo nos leva a nos esforçar para provar isso: "Se você é um filho de Deus, cure aquele bebê, cure o seu corpo, veja o dinheiro entrar", e por aí vai. "Se você é um herdeiro do Reino, corra o risco, confirme essa palavra". Mas sabemos quem somos? A tentação é não reconhecer nossa identidade no Senhor.

Jesus sabia quem era. No Seu batismo, o Pai falou: "[...] Este é o meu Filho amado, de quem me agrado" (Mateus 3.17). Cristo acreditou n'Ele. Para o Filho de Deus, a questão da sua identidade já estava resolvida. Ao ver isso, Satanás segue então para a próxima tentação.

Terceira tentação: identidade certa, visão certa, estratégia errada!

O terceiro *round* é uma mudança na estratégia do Inimigo. Quando Satanás descobre que uma tentação não está funcionando na nossa vida, ele tenta outra: "Depois, o diabo o levou a um monte muito alto e mostrou-lhe todos os reinos do mundo e o seu esplendor" (Mateus 4.8). Esse é um cenário bem diferente. Primeiro, ele tentou Jesus através de fome e necessidades físicas. Depois, provocou-O com desejo de poder religioso e, agora, com as nações. Isso me faz recordar da imagem que João descreve em Apocalipse, onde Cristo, de volta em Seu trono, tem a glória de todas os povos desfilando diante d'Ele (cf. Apocalipse 7.9-10; 21.26).

O Adversário mostra uma visão a Jesus: todas as nações em todo o seu esplendor. Que visão deve ter sido! Ele deve ter pensado que isso iria, com certeza, atrair o Filho de Deus. Porém, desejar as riquezas e o poder que elas representavam não foi a Sua tentação. A essência dessa proposta está nestas palavras: "Tudo isto lhe darei, se você se prostrar e me adorar".

Aqui, vemos algo estranho: as nações e todo o seu esplendor já pertenciam a Jesus. Eram Suas por herança e o Senhor já tinha assegurado isso. Então, qual é a proposta que Satanás estava oferecendo? Não era uma questão de identidade. Também não era uma questão de falta de direção. Então, qual era a tentação?

Método errado! Em palavras mais simples, o Inimigo diz:

— Tudo bem! Você sabe quem é. Entende que não tem de provar nada e também que tudo Lhe pertence. Vou, então, fazer uma oferta melhor que a do Pai e Lhe dar as nações agora.

Sem espera, sem ridicularização, sem oposição, sem julgamento, sem prisão, sem açoitamento, sem cruz, sem morte. Jesus poderia ir direto da vida simples de um carpinteiro para a rotina de soberano do Universo. Tudo o que Ele precisava fazer para alcançar mais rápido a Sua visão era mudar Sua sujeição ao método divino para uma sujeição ao método do Maligno. A quem Ele iria obedecer?

"[...] se você se prostrar e me adorar" (Mateus 4.9), disse Satanás.

PRECISAMOS DE ESTRATÉGIAS BÍBLICAS: TENTAÇÕES NO DESERTO

Somos a maior Igreja da História

Será que em momentos estratégicos na História da Igreja, essa terceira tentação pode ter atrasado os propósitos de Deus nas nações? Será que nas Cruzadas[1], por exemplo, Seus expedicionários compreenderam sua identidade em Cristo e a visão para os povos, mas corromperam os Seus propósitos, prostrando-se a uma metodologia de "poder"? Abraçaram a visão do Senhor, mas a estratégia do Inimigo? A espada em vez do coração de servo de Jesus? Ao analisarmos o panorama histórico da Igreja na tentativa de discipular outras culturas, será que essa última tentação não tem sido o nosso maior obstáculo?

Numa situação parecida, o Mestre se recusou a ser dominado e repreendeu Seu adversário, pela primeira vez, chamando-o pelo nome, dizendo: "[...] Retire-se, Satanás! Pois está escrito: 'Adore o Senhor, o seu Deus, e só a Ele preste culto'" (Mateus 4.10).

Às vezes, fico curiosa em saber se o Nazareno compreendia que estava dialogando diretamente com o Diabo antes dessa última tentação. Em geral, interpretamos a Sua vida como se Ele tivesse lido a Sua própria história. Foi o Espírito que o levou ao deserto. Será que Ele pensou que as duas primeiras provocações vieram do Alto? Não sabemos. Mas Jesus não reage pelo nome nessas duas. Por outro lado, sabemos que Ele identificou com clareza com quem estava falando quando o caminho fácil, rápido e sem sacrifício para a visão das nações, baseado numa simples mudança de aliança de poder, é proposto: Cristo estava tratando com o próprio Lúcifer.

O que podemos aprender com essa importante etapa na vida de Jesus ao contemplarmos o nosso próprio desejo de discipular o mundo? Em primeiro lugar, que identidade será um conflito para o Corpo de Cristo. Quem somos nós para falarmos de construir nações face a tanta necessidade, fome,

---

[1] N.E.: expressão associada aos movimentos militares cristãos partindo da Europa Ocidental em direção à "Terra Santa", em especial, à cidade de Jerusalém. Seu principal objetivo era a conquista dessa região, colocando-a debaixo de um governo cristão.

pobreza e enfermidades? Quem somos nós, e o que esperamos alcançar em lugares distantes, se não podemos realizar os feitos milagrosos mais simples? E, finalmente, a mais sutil de todas as tentações, a estratégia mais fácil e rápida para alcançar o nosso objetivo.

Por muitos anos, trabalhei em Washington, capital dos Estados Unidos. Naquela época, grupos de cristãos vinham em massa, como uma nova visão para discipular a América do Norte. O "poder" da capital era, ainda, tangível. Mas, conforme as novas pessoas chegavam à cidade, era possível ver a atmosfera do lugar começando a influenciá-las. Fossem eles políticos, ativistas, lobistas, cristãos ou não, a mudança de "serviço nacional" para "poder nacional" como objetivo era dramática. Vi poucos que conseguiram resistir a essa tentação.

Ao estudarmos as vidas de Daniel, Ester, José, homens e mulheres que influenciaram profundamente suas nações, estamos estudando a vida de servos e escravos. Mesmo assim, o Senhor os usou em suas fraquezas. De sua baixa posição, obtiveram grandeza para o Reino de Deus.

Portanto, a estratégia de Jesus é sempre uma estratégia de servo!

O Reino da Luz é servidão, o das Trevas é controle. Simples assim! Se nossas estratégias de discipulado são fundamentadas em controle, elas irão fracassar, pois o sistema do mundo tem como base o poder.

CAPÍTULO 18

Precisamos de estratégias bíblicas: o modelo de servo

> [...] quem quiser tornar-se importante entre vocês deverá ser servo, e quem quiser ser o primeiro deverá ser escravo; como o Filho do homem, que não veio para ser servido, mas para servir e dar a sua vida em resgate por muitos. (Mateus 20.26-28)

A palavra "servo" e suas derivadas ocupam quase cinco páginas na concordância da Bíblia NVI. Os homens e mulheres que Deus usou para terem grande influência no Reino raramente eram pessoas de *status* e poder. Noé era um fazendeiro; Abraão, um velho com uma esposa estéril; José, o mais novo e desprezado filho de um pastor de ovelhas; Moisés, criado e cercado por poder e esplendor e sem ser de muito uso para o Senhor até viver quarenta anos como um fugitivo no deserto; Davi, o filho do qual ninguém se lembrava, um rejeitado na família; Ester, a órfã refugiada e destituída, sem recursos ou posição social; Rute, a viúva refugiada com uma sogra que não tinha um centavo; Neemias, um servo/escravo de um rei pagão; Daniel, o jovem exilado sem recursos ou liberdade. Isso nos ensina que, se queremos discipular nossa sociedade, precisamos de uma nova revelação divina quanto à força do caráter de servo.

No Novo Testamento, o padrão continua quando o Filho de Deus vem a nós não como o Rei do Universo em todo o seu esplendor e glória, mas como um humilde carpinteiro em uma modesta família de um insignificante vilarejo. Jesus escolheu homens comuns, da classe trabalhadora, para serem o alicerce da Igreja. E Paulo, o arquiteto da evangelização mundial, que era um homem de muitos recursos, posição e educação, é rebaixado a servo de todos antes que pudesse ser usado na construção do Reino.

O que será que temos a aprender com esse tema que aparece tantas vezes nas Escrituras? Qual é a perspectiva de Deus sobre o poder que torna os fracos mais influentes que aqueles que possuem *status* aos olhos do mundo? O que quer dizer essa insistência do Senhor em usar somente os menores, mais jovens, mais pobres e mais destituídos? O que Ele sabe sobre poder que ainda não compreendemos?

Uma estratégia de saturação

O pastor de um presidente na África Ocidental que desejava ver sua miserável nação ser discipulada pela Palavra de Deus me fez uma incrível pergunta. Ao discutirmos uma estratégia nacional para seu país, ele perguntou:

— Se você tivesse de escolher, qual seria sua prioridade como estratégia para uma reforma nacional: concentrar-se nos líderes dos segmentos profissionais de seu país ou se concentrar nas igrejas e pastores?

Olhei para ele com grande respeito, porque poucos conhecem o suficiente do Reino para compreender como essa questão é importante. Esse homem havia feito seu dever de casa com Deus. O Espírito Santo o havia ajudado a entender a importância daquela questão.

Respondi que preferia não escolher, que acreditava que o Senhor iria construir Seu Reino em todas as direções. Mas o pastor insistiu e, para continuar a discussão, tive de tomar uma posição. Minha resposta era evidente: iria escolher as igrejas locais comuns como cenário para uma estratégia de reforma nacional.

Nesse sentido, Gandhi[1], ativista e pacifista que teve papel crucial na independência do seu país, dizia que os ingleses iriam dominar a Índia enquanto a população permitisse. Por uma simples força numérica, um povo unido por uma mesma causa pode prevalecer sobre o controle da minoria que está no topo. A minoria apenas tem influência sobre a maioria se a esta permanecer em silêncio e não se importar.

No primeiro capítulo de Gênesis, o Criador dá à raça humana o Seu mandato "pré-Queda" para que "[...] sejam férteis e multipliquem-se! Encham e subjuguem a terra [...]" (Gênesis 1.28). Essa ordenança não foi apenas para Adão, a fim de que ele tivesse autoridade sobre tudo, mas para toda a humanidade saturar a Terra com o conhecimento de Deus revelado através de todas as dimensões da vida cotidiana. O Seu Reino tem uma estratégia de saturação.

Isso foi demonstrado com clareza através das exortações do Senhor a Israel sobre não escolher um rei, mas um sistema mais popular de líderes tribais e representação. Conforme Israel começa a se fortalecer, tanto política como economicamente, podemos ter a impressão de que Deus havia se enganado ou acabou mudando Sua opinião quanto ao poder (cf. 1 Samuel 8.19-22). Sob o reinado de Salomão, Israel alcança o auge do desenvolvimento nacional. Com certeza, a monarquia como forma de governo foi abençoada. A Arca retornou a Israel, o Templo foi construído, eles tinham paz nas suas fronteiras, a Economia se expandiu e a Lei era respeitada no palácio.

---

[1] N.E.: Mohandas Gandhi, também conhecido como Mahatma, foi personagem central das lutas anticoloniais na Índia. Tornou-se notório por resistir pacificamente contra leis abusivas por meio da desobediência civil sem violência. Mais informações disponíveis em *https://www.brasildefato.com.br/2020/01/30/assassinado-ha-72-anos-gandhi-inspira-lutas-pelo-mundo-e-e-alvo-de-disputa-na-india*. Acesso em março de 2021.

Será que Deus tinha se enganado? O que poderia ser melhor que ter um rei? A resposta a essa pergunta se encontrava no próximo da linha de sucessão: Roboão. Um ovo estragado arruína toda a receita. Roboão se vira contra o Senhor e destrói trezentos anos de desenvolvimento que eles jamais alcançariam novamente. Quando apenas os reis conhecem a Lei, o povo pode ser levado para qualquer lado. A única proteção de uma nação é um povo saturado com o conhecimento de Deus e comprometido com a responsabilidade.

Gandhi entendia o princípio bíblico sobre poder: ele pertence ao povo. No final, a qualidade do povo determina a qualidade da nação. Os líderes e as pessoas proeminentes da sociedade podem ser de Deus ou pagãs, mas o povo determinará a duração e a profundidade de sua influência. Os altos escalões da sociedade podem abrir e fechar portas. Podem institucionalizar valores e princípios fazendo-os permanecer, mas, no final das contas, é a saturação desses valores no dia a dia que irá determinar a qualidade da cultura.

O Reino está em você

Tanto o Antigo como o Novo Testamento, enfatizam essa internalização do Reino. É sendo e vivendo o Reino que cumpriremos o mandato de Deus. Em Deuteronômio, Moisés exorta o povo dizendo que a Lei do Senhor não estava longe deles e que eles não precisavam enviar mensageiros para resgatá-la dos céus e mares (cf. Deuteronômio 30.11-14). A Lei estava com eles. Era o conhecimento e a prática dela que importava. Os Reis devem, sim, lê-la e conhecê-la, mas, mais uma vez, vemos reforçado que são os pais que a conhecem e constantemente a ensinam a seus filhos, os quais vão integrá-la na vida cotidiana.

Jesus resumiu a Lei em duas sentenças que capturam toda a sua essência: "[...] Ame o Senhor, o seu Deus de todo o seu coração, de toda a sua alma e de todo o seu entendimento. Este é o primeiro e maior mandamento. E o segundo é semelhante a ele: Ame o seu próximo como a si mesmo" (cf. Mateus 22.37-39). Esse resumo pessoal e profundo incorpora a estratégia divina. Nós devemos ser e viver o Reino. O sal e a luz das nossas vidas, quer sejamos servos ou líderes, irão "temperar e iluminar" a Terra com o conhecimento dos Céus. Você e eu somos estratégias de Deus. Aplicar o Seu conhecimento no nosso cotidiano é o Seu objetivo.

Pessoalmente, quando comecei a compreender tudo isso, quis viver em um bairro pequeno para entender como tudo iria funcionar, na prática. Por anos, eu tinha discipulado estudantes e líderes em suas carreiras e morava em uma comunidade missionária cristã, mas queria experimentar o mandato de "amar o seu vizinho" em outro contexto.

Comprei uma casa no sul dos Estados Unidos, em uma rua com quatorze residências. Escolhi uma rua multicultural, porque Deus ama as nações. Minha casa era pequena, pois sou solteira e viajo muito. O Senhor é um bom administrador de recursos. Por isso, seguindo o exemplo d'Ele, comecei a cuidar do meu jardim, que, anteriormente, tinha sido negligenciado. Fiz isso porque o Pai ama a beleza e temos de valorizar as coisas materiais que Ele nos dá. Nas primeiras semanas, enquanto trabalhavam em seus jardins, os vizinhos me observavam. Eu acenava para eles e continuava podando, rastelando e arrastando. Depois de um tempo, alguns começaram a se aproximar quando me viam trabalhando do lado de fora. Eles perguntavam meu nome e diziam como a casa estava ficando bonita. Conversávamos alguns minutos sobre jardinagem e depois eles iam embora. Eu entrava e anotava os nomes de cada um para não esquecer, porque Deus também sabe os nossos nomes. Depois de um tempo, nossos bate-papos sobre plantas e o clima passaram para conversas envolvendo a minha profissão. Descobrir que eu era uma missionária não trazia muito assunto para o nosso diálogo, pois era algo distante para eles, mas continuávamos a nos conhecer através das coisas que tínhamos em comum: casas, jardins, plantas, uma vizinhança segura e outras coisas comuns.

Enquanto trabalhava na minha casa, eu orava pelos meus vizinhos, suas famílias e nosso bairro. Depois de uns seis meses morando ali, numa certa manhã um deles encurtou a conversa e foi direto ao assunto comigo, dizendo:

— A irmã de minha esposa acabou de falecer. Por favor, ore por ela.

Uma semana depois, o homem da casa ao lado, ao me ver no jardim, veio direto em minha direção e disse:

— Minha esposa disse que o emprego dela é mais importante que eu e estou com medo de perdê-la. Por favor, ore por nós.

Eu estava totalmente surpresa. Nunca tínhamos conversado sobre oração e quase nada sobre Deus. Eles sabiam que eu trabalhava com missões em vários países, mas nunca falamos sobre isso em detalhes. De onde vinha essa busca pelo Senhor através de mim, essa confiança quanto a problemas íntimos de suas vidas? Só posso crer que veio do testemunho do meu trabalho no jardim e da atenção que eu dava à minha vizinhança. Eles viram Jesus no meu cuidado com as plantas, com a casa, no desejo de conhecê-los e de saber seus nomes, no anseio de ser "um deles" e na preocupação em conjunto com nossas casas, famílias e com nossa segurança. Eles viram Cristo na minha vida e queriam mais d'Ele em seus momentos de crise.

Nossa mensagem nunca terá mais autoridade que nossa vida

Uma das pessoas de grande influência na minha vida costumava enfatizar que, no cristianismo, você é a mensagem. Isso quer dizer que a fé bíblica não é uma religião ou um conjunto de ideias para discutirmos sem aplicação. Seguir a Jesus é uma forma de vida, um relacionamento com Deus que se torna Reino. Temo que, para muitos, seguir a Cristo tenha se tornado uma religião, um ideal no qual podemos crer sem que necessariamente influencie nosso comportamento. Nossa fé se resume à salvação e, então, à vida após a morte. O restante da nossa existência fica como se o Senhor não tivesse nada a ver com isso.

É interessante observar que os cristãos não têm nenhuma dificuldade de falar sobre como Jesus deve ter vivido como um carpinteiro durante seus primeiros trinta anos. Eles sabem que Ele nunca chegaria atrasado ao trabalho, Ele certamente tratava com muito respeito tanto seus colegas de trabalho como seus clientes, e se preocupava com eles como seres humanos. Ele, com certeza, pagava suas contas em dia. Sabemos que, se Cristo tivesse feito uma prateleira, ela seria impecável, todas as suas partes estariam na medida certa e firmes, e seria bonita, mesmo se fosse simples. Ele se importava com a qualidade. O Mestre devia cuidar bem de suas ferramentas e não desperdiçava madeira ou outros materiais. Temos uma compreensão inata de que Ele devia ser generoso com Sua renda, que cortaria a grama de seu jardim se tivesse um e que Sua casa deveria estar sempre limpa. A higiene pessoal do Nazareno seria exemplar e, se pensarmos mais a fundo, saberemos que Ele vivia assim por causa de quem era Seu Pai.

O testemunho da vida de Jesus, em Nazaré, por trinta anos, foi a base da autoridade dos Seus três anos de ministério. Da mesma forma, se não conseguimos servir nossa família e aos nossos vizinhos com os fundamentos celestiais, como podemos servir às nações? Tenho de ir um passo além e perguntar: se todos os cristãos no mundo estivessem vivendo sua vida pelos princípios do Reino, será que todos os povos já não estariam discipulados?

O Reino da Luz: servir e não controlar

O Reino da Luz é servidão, o das Trevas é controle. Simples assim! Se nossas estratégias de discipulado são fundamentadas em controle, elas irão fracassar, pois o sistema do mundo tem como base o poder — "vamos dominar e fazer melhor". O Reino de Deus, por outro lado, é fundamentado no serviço. Se tivesse sido melhor para Jesus ter vindo com o poder terreno, Ele teria vindo. Mas se o controle de uma minoria funcionasse, toda a Europa Oriental seria hoje comunista. Líderes podem trabalhar com o povo para que haja mudança, mas, se uma nação não é transformada, pessoa por pessoa, ela não será discipulada. Os valores divinos podem estar escritos nos estatutos civis de um país e ter algum efeito, mas, para haver transformação real em uma cultura, esses mesmos valores devem estar escritos também nos corações dos indivíduos.

Acredito que a função do Governo é chamada de serviço civil por causa das Escrituras. O poder da posição está no serviço à população. Na metade

PRECISAMOS DE ESTRATÉGIAS BÍBLICAS: O MODELO DE SERVO

do último século, começamos a pensar que poderíamos ajudar a criar nações democráticas através da intervenção militar de forças exteriores. Certamente podemos mudar um regime pela força, mas mudar o coração e a mentalidade das pessoas é outra história. A cosmovisão que criou o problema não conseguirá consertá-lo. A sociedade é quem deve mudar para que o Reino de Deus possa ser estabelecido — um de cada vez.

Nesses dias de revolução global, em que enxergamos só desastre e perdição, precisamos de um "tio Mordecai" para nos dizer que o que vemos, em nossos tempos, tem um propósito.

CAPÍTULO 19

Precisamos de uma perspectiva de Deus sobre mudanças

[...] Vocês sabem interpretar o aspecto do céu, mas não sabem interpretar os sinais dos tempos! (Mateus 16.3)

Da tribo de Issacar, 200 chefes que sabiam como Israel devia agir em qualquer circunstância [...] (1 Crônicas 12.32)

Se queremos ter influência sobre as nações, assim como os homens de Issacar, devemos saber interpretar os sinais dos nossos tempos.

Como mencionamos no capítulo oitavo deste livro, até por volta do ano 1500, de acordo com os intelectuais da época, a Terra era definitivamente plana. Exploradores e navegadores acreditavam que velejar até

PRECISAMOS DE UMA PERSPECTIVA DE DEUS SOBRE MUDANÇAS

as margens do mundo significava morte na certa. Cair da superfície habitável significava ir para o "outro mundo", onde havia dragões e demônios. Os mapas daquela época eram assustadores. Se esse dogma não tivesse sido contestado, Colombo teria ficado em casa.

A teoria da "Terra Plana" não era apenas a visão científica do planeta, mas também a visão teológica da época; era o ponto central da visão doutrinária do Céu e do Inferno. A Igreja defendia que o Homem era o centro do Universo de Deus, que o Céu estava em cima e o Inferno embaixo. A aplicação dessa verdade era a conclusão de que a Terra era plana. Na ausência de mais informações, todos concordavam.

Os primeiros cientistas que desafiaram essa ideia foram tratados brutalmente, e alguns deles foram executados pela Igreja. Não foram vistos apenas como errados do ponto de vista científico, mas considerados heréticos por desafiarem a autoridade e a Palavra de Deus. Nesse caso, contudo, a Igreja e a perspectiva cristã tradicional da época estavam erradas, e os cientistas, certos. A Terra não é plana, mas redonda, e quanto mais descobrimos sobre o Universo, planetas em rotação e gravidade, "em cima" e "embaixo" tornam-se mais expressões figurativas de linguagem que ideias concretas em nossas percepções.

E o Céu, e o Inferno então? E a centralidade do Homem quanto à criação? A Bíblia estava correndo risco de se tornar desacreditada ou ser contestada pela Ciência e pelas pesquisas? Por volta do ano 1540, esse era o medo, mas não era o caso. A compreensão da humanidade quanto ao que Deus quis dizer em sua Palavra foi que mudou. O Homem é o centro da criação, mas não necessariamente em termos geográficos. Céu e Inferno são ambos verdadeiros, porém, o seu local exato ainda é um mistério.

O Deus que criou, vê e sabe de tudo, não se abala quando o nosso entendimento limitado é confrontado e se equivoca. Seu maior desejo é que sempre possamos crescer para nos tornarmos mais semelhantes a Ele. O Senhor não está em conflito com a verdade, com os fatos ou com qualquer realidade do mundo visível, ou invisível, e Ele não tem medo de mudanças.

Tudo está mudando!

Vivemos em uma época em que tudo está constantemente mudando. Segundo Octavio de Barros, ex-economista chefe do banco brasileiro Bradesco, "A geração atual chega a ter sete atividades simultaneamente. São tremendamente complexas as implicações dessas transformações".[1] Os engenheiros de hoje reconhecem que, a cada cinco anos, seus conhecimentos se tornam obsoletos. Os estudantes das universidades, em um ano, muito provavelmente já foram expostos a mais informações a que seus avós durante a vida toda, e a maior parte da informação necessária para os próximos cinco anos ainda está para ser descoberta. É de assustar, não? Talvez nos assuste, mas não ao Senhor.

Ele não está vivendo uma nova onda de descobertas. Desde o início, Ele sempre soube de tudo. Não temos nada a temer com as descobertas e com as informações, novas ou velhas, pois os fatos podem apenas revelar a Deus, o Seu caráter e os Seus caminhos (cf. Salmos 33.13-15). Porém, como seres humanos finitos que somos, as mudanças sempre nos assustam.

Não tema!

Imagine-se como um dos israelitas nos tempos de Moisés. Durante quatrocentos anos, o seu povo viveu no Egito. Por trezentos, foram escravos dos faraós. Há alguns meses, vocês deixaram o cativeiro e tudo o que possuíam. Agora, estão no meio do deserto, não possuem nenhuma forma de provisão de alimento e água, não podem voltar atrás e não têm ideia alguma do que encontrarão pela frente nessa desconhecida Terra Prometida. Estão experimentando uma mudança completa de paradigma com relação a tudo o que sabiam, e Deus tem de continuar os lembrando: "Não temam!", porque Ele está com vocês.

---

[1] **Revolução digital intensifica o crescimento do precariado**. Publicado por *Estadão*. Disponível em *https://infograficos.estadao.com.br/focas/planeje-sua-vida/revolucao-digital-intensifica-o-crescimento-do-precariado-afirma-octavio-de-barros/*. Acesso em março de 2021.

Atualmente, dia após dia, vivemos em meio a esses tipos de mudanças instantâneas. Em um mundo sintonizado por *microchips*, economia global, telescópios Hubble e informação instantânea, o nosso senso de realidade pode se tornar confuso. Quando nossa realidade começa a ser esclarecida, nós nos sentimos inseguros e, em geral, isso resulta em rigidez e desejo por controle. Por consequência, quando nos fechamos e nos recusamos a entender as mudanças ao nosso redor, paramos de crescer. O fruto desse medo todo é que perdemos a amplitude da revelação divina sobre quem Ele é através do Universo que criou.

Ester, por exemplo, conseguiu compreender que Deus tinha um plano para a sua nação durante a crise em sua vida. Ela percebeu que as palavras de seu tio Mordecai eram verdadeiras: "[...] Quem sabe se não foi para um momento como este que você chegou à posição de rainha?" (Ester 4.14). As pressões e as mudanças em sua época tinham um propósito para o Reino de Deus. Ela estava com medo, mas buscou ao Senhor e viu as mudanças colaborarem para a Sua glória no meio de seu povo.

Nesses dias de revolução global em que enxergamos só desastre e perdição, precisamos de um "tio Mordecai" para nos dizer que o que vemos, em nossos tempos, tem um propósito, pois, se Deus tardar e o fim não for agora, podemos viver no século em que o Reino Celestial pode vir a ter a maior influência no mundo, em toda a História da raça humana. Vamos buscar a perspectiva do Alto em nossos dias.

Revolução social global

Uma maneira simples de se analisar a evolução das sociedades e culturas humanas é vê-las através de três ciclos principais: o sistema tribal ou feudal, as grandes cidades-estados e o nosso conceito mais moderno de nações.

O sistema feudal

Praticamente todas as sociedades humanas foram, um dia, organizadas em torno de algo que se assemelha a uma tribo. Quer seus líderes fossem patriarcas, chefes ou senhores feudais, as comunidades eram definidas e organizadas ao redor da disponibilidade e da posse de terras. Na Europa, isso era chamado de sistema feudal. O cabeça desse sistema socioeconômico era os senhores feudais. Eles possuíam as terras, e os camponeses trabalhavam nela. Os senhores proviam educação, saúde e os regulamentos para a comunidade. Na prática, uma fazenda ou vilarejo definia cidadania e sociedade. Padres itinerantes viajavam de fazenda em fazenda. Os senhores feudais recrutavam, treinavam e equipavam as tropas militares. Os antigos monarcas europeus dependiam do apoio benevolente dessas tropas pertencentes aos senhores feudais. Durante vários séculos, quase todas as regiões conhecidas do mundo eram organizadas como instituições tribais.[2] Muitas nações da África e do Oriente Médio ainda são tribos — por baixo da aparência de estruturas sociais mais modernas. Essa era "tribal", nas Escrituras, vai de Abraão até os juízes de Israel. Até o rei Saul, Israel era um consórcio de doze tribos muito mal conectadas por meio da liderança de um juiz.

As grandes cidades-estados

Impulsionada pelas populações mundiais, a evolução cultural seguiu seu curso e, de um jeito ou de outro, as comunidades se transformaram. O período seguinte no desenvolvimento das estruturas sociais foi caracterizado pelo surgimento das grandes cidades-estados, tais como: Roma, Atenas, Alexandria, Constantinopla, Babilônia, Hamburgo e Paris. Esses centros cosmopolitas se tornaram a maneira pela qual passamos a definir nações. Um indivíduo era um cidadão de Roma, que construía as estradas,

---

[2] BLOCH, Marc. **A sociedade feudal**. São Paulo: Edipro, 2016.

era a sede da Educação e controlava a Economia. Impostos eram pagos e arrecadados por essa cidade-estado.[3] Esse era o mundo nos dias de Paulo. Ele era cidadão de Roma e de Jerusalém, e essa dupla cidadania lhe foi útil no seu trabalho para o Reino.

As populações continuaram a crescer e, finalmente, excederam às infraestruturas político-econômicas das cidades-estados, que passaram a ser incapazes de suprir as necessidades de seus constituintes, os quais acabaram por se tornar grandes demais para serem governados dessa maneira. Mais uma vez, a estrutura das nações mundiais começou a mudar.

As nações modernas

Hoje em dia, falamos da Itália com sua capital em Roma; da Grécia com uma cidade chamada Atenas. Sabemos que Hamburgo é na Alemanha; que Constantinopla está na Turquia; que Alexandria fica no Egito; e Paris, na França. As fronteiras geopolíticas foram criadas e modificadas, vez após vez, até formarem o mundo que conhecemos nos dias de hoje.

Internacionalmente, se nos perguntam de onde somos, respondemos com o nome da nossa nação. Mesmo que em nosso país ainda tenha tribos, nós nos identificamos, em primeiro lugar, pelo nome do nosso território. Carregamos nossos passaportes e discutimos economia nacional e sistemas educacionais. Cantamos hinos nacionais e agitamos nossas bandeiras. Temos Constituições e Governos nacionais, e costumamos definir nossas culturas pelos valores e sabores regionais. Essa é a forma que pensamos hoje. Achamos que é assim que se define uma nação, mas nos esquecemos de que esse não é o conceito usado por Deus quando disse a Abraão que faria dele uma nação, nem o que Jesus usou quando nos mandou ir às nações. E as Escrituras ainda nos dizem para discipularmos todas as nações.

---

[3] CARDOSO, Ciro. **A cidade-estado antiga**. São Paulo: Ática, 1985.

Aqui vamos nós de novo!

As populações estão mais uma vez impulsionando mudanças nas nossas estruturas econômicas e geopolíticas. Hoje, com um crescimento praticamente nulo da população europeia, com uma explosão demográfica na Ásia e as proporções inadequadas entre população e recursos em outras regiões, nosso mundo está de novo mudando suas definições. Economias nacionais estão falhando, ou se tornando instáveis. Os militares, em alguns casos, despreparados para nos proteger. Os sistemas nacionais de Educação não estão preparando a nova geração para a comunidade global em que vivemos. E, talvez, pela quarta vez na História, a sociedade e as nações estejam se reinventando.

A Europa sai na frente, com a formação da União Europeia. Não significa que os franceses, os alemães, os ingleses, os espanhóis e outros não amem seus países, culturas, línguas e, até mesmo, suas moedas. Eles amam, mas seus sistemas nacionais não funcionam mais para a população no nosso mundo de hoje. Eles têm de se remanejar para se ajustarem à realidade do século XXI. A Europa não está sozinha. Assim que a União Europeia começou a tomar forma, já se ouvia falar sobre "as Américas" com os novos tratados e diálogos sobre as economias entre as Américas do Norte e do Sul.[4] Além disso, uma nova palavra surge em nosso vocabulário, a "Australásia",[5] e vemos novos ajustes e colaborações acontecendo no Oriente Médio e os identificamos como a Liga Árabe.[6] Discutimos sobre economia global, estabilidade regional, paz, forças multinacionais e até sobre tribunais internacionais.

Muitos se apavoram em face a essas mudanças dramáticas, esquecendo-se de que tudo isso já aconteceu antes. Alguns começam a pensar no fim

---

[4] **Quem somo**s. *Organização dos Estados Americanos*. Disponível em *http://www.oas.org/pt/sobre/quem_somos.asp*. Acesso em fevereiro de 2021.

[5] BROSSES, Charles de. **Histoire des navigations aux terres australes.** Paris: Durand, 1756.

[6] **1945**: era fundada a Liga Árabe. Publicado por *Deutsche Welle*. Disponível em *https://www.dw.com/pt-br/1945-era-fundada-a-liga-%C3%A1rabe/a-305962*. Acesso em fevereiro de 2021.

do mundo e em um governo global, em vez de compreenderem que todas as grandes mudanças ocorridas na História têm nos levado nessa direção. Porém, o trabalho da Igreja permanece o mesmo: discipular todas as nações. Na verdade, os acontecimentos passados podem nos dar um entendimento mais positivo sobre as mudanças ao redor do planeta e sobre os tempos em que vivemos. Não somos a primeira geração de cristãos a enfrentar transformações nos sistemas sociais. E, se Jesus ainda demorar mais, pode não ser a última.

Mudanças são processos catalisadores de Deus

Mudanças nem sempre serão uma revolução, mas sempre serão catalisadoras. A História nos ensina pelo menos três verdades maravilhosas sobre mudanças:

1. Seja qual for o significado de nação em Gênesis, o Senhor planejava que Suas verdades fossem aplicáveis em todos os tempos e em todos os lugares, independentemente de mudanças;

2. Grandes mudanças através dos séculos proporcionaram os melhores momentos para se exercer influência;

3. A Igreja, até certo ponto, encontrou espaço e trouxe as verdades divinas para influenciar as principais mudanças na História global.

Neste século em que, pela graça de Deus, temos a maior população de cristãos no mundo, e que vivemos no que pode ser um dos maiores períodos de mudanças do planeta, será que o Corpo de Cristo terá voz? Em uma era de mudanças, Calvino[7] nos deu o conceito de Educação Pública; Wilberforce[8] lutou por leis e práticas justas de trabalho; Carey[9] lutou por desenvolvimento

---

[7] N.E.: João Calvino (1509-1564) foi um teólogo francês, considerado um dos principais líderes da Reforma Protestante e teve grande influência no desenvolvimento do sistema teológico bíblico.

[8] N.E.: William Wilberforce (1759-1833) foi um político britânico e líder do movimento abolicionista contrário ao tráfico negreiro.

[9] N.E.: Henry Carey (1793-1879) foi um relevante consultor econômico de Abraham Lincoln, 16º presidente dos Estados Unidos da América.

econômico; a Cruz Vermelha foi fundada; desenvolveu-se um código de ética para o tratamento dos prisioneiros de guerra, bem como regras para os próprios confrontos; além disso, normas de pesquisa científica, leis de evidência e tantos outros avanços foram estabelecidos.

Essas coisas aconteceram quando homens e mulheres de Deus compreenderam que não podemos controlar as mudanças, mas podemos usá-las. Podemos influenciá-las em direção aos valores e princípios celestiais.

Líderes no mundo todo estão lutando para encontrar novas definições: de guerras e regras justas de guerra; protocolo de prisões; leis trabalhistas para mulheres e crianças; direitos das mulheres, bem como das populações multiculturais; liberdade religiosa; pobreza *versus* riqueza; do poder do Governo; do equilíbrio de poderes; de questões nacionais *versus* questões internacionais; e muitos outros tópicos relevantes. Entramos em pânico com o volume e com a totalidade das mudanças que vemos, mas Deus não! E nenhuma dessas questões são novidades. Todas elas já apareceram e tiveram de ser resolvidas antes. O Senhor teve de lidar com esses assuntos quando disciplinava Israel e deixou tudo completamente registrado, incluindo os valores que não podem ser negociados se queremos ter qualidade de vida, além de inúmeros exemplos de sucessos e fracassos.

Vamos deixar o Inimigo fazer sua conferência anual dentro de um elevador

Quem pode dizer quando será o fim do mundo? Por dois mil anos, os cristãos vêm pensando que será durante suas vidas, incluindo os apóstolos que andavam com Jesus. No entanto, acabou não acontecendo durante a vida deles, nem em seu século ou no milênio! Sabemos que o fim virá. Porém, Cristo nos adverte para não ficarmos concentrados nisso, mas em sermos sal e luz nos nossos dias, trabalhando até que Ele venha. Se nos últimos 150 anos tivéssemos feito isso e discipulado as nações evangelizadas, teríamos transformado a África do Sul, os Estados Unidos, o Brasil, a Argentina, o Chile e muitos outros países.

PRECISAMOS DE UMA PERSPECTIVA DE DEUS SOBRE MUDANÇAS

Então, o que estamos esperando? Podemos estar vivendo no século mais importante da História da Igreja se:

- Compreendermos o Deus completo da Bíblia completa;
- Entendermos o compromisso do Senhor com toda a sociedade e todas as nações;
- Ignorarmos nosso medo de mudança e abraçarmos os dias atuais como uma grande oportunidade para o impacto do Reino de Deus;
- Pararmos de ficar observando a influência do Mal e nos entregarmos por completo à influência do Bem.

Será que se nós, o Corpo de Cristo, fizermos o nosso trabalho com a mentalidade de Deus, o Inimigo diminuirá sua influência a ponto de ter tão poucos seguidores que poderá fazer sua conferência anual dentro de um elevador?